Klaus Beck - Idee ! Patent ? Erfolg ?

Klaus Beck

Idee ! Patent ? Erfolg ?

Praxisnahe Tipps, wie eine Erfindung an den Mann gebracht werden kann. Für Arbeitnehmererfinder und freie Erfinder. Von der Idee über Patentanmeldung, Firmenanfragen bis zur Vergütung.

Version 1.5
Oberkochen, 06. November 2000

Herstellung: Libri Books on Demand
ISBN 3-8311-1247-9

Vorwort

Einerseits glaubt man oft, dass es heutzutage schon alles gibt und dass alles schon bis zur Perfektion ausgereizt ist. Trotzdem kennt jeder gewisse Dinge, welche in der Firma oder im täglichen Leben umständlich oder lästig sind. Tatsächlich gibt es auch heute noch unzählige Möglichkeiten durch kreative Ideen neue Produkte, bessere Produkte oder auch bessere Verfahren zu entwerfen.

Viele kreative Tüftler haben solche Ideen und wissen jedoch nicht, wie sie die Idee richtig an den Arbeitgeber bzw. an eine fremde, interessierte Firma weitergeben können. Wer die richtige Vorgehensweise nicht kennt, kann leicht über den Tisch gezogen werden. Die Kenntnis der Spielregeln ist Bedingung für die Chance, dass am Ende auch eine Prämie rausspringt.

Vor eigenen Patentanmeldungen schrecken viele zurück, da das ganze Verfahren für Laien sehr kompliziert erscheint. Zudem glauben viele immer noch eine Patentanmeldung wäre mit extrem hohen Kosten verbunden, die ein normaler Arbeiter gar nicht aufbringen kann. Dies ist jedoch nicht unbedingt so.

Wer erfolgreich eine Idee vermarkten will, braucht viel Mut, Ausdauer, etwas Glück und ein gewisses Grundlagenwissen. Der Weg von der Idee zum verkauften Patent ist sehr schwierig, er erfordert genau überlegtes Vorgehen, viel Geduld und auch die Fähigkeit Niederlagen einstecken zu können.

Das vorliegende Büchlein soll praktische Ratschläge geben, wie ein kleiner Erfinder seine Idee richtig an seinen Arbeitgeber weitergibt, oder wie er mit geringem Kostenaufwand seine Idee über fremde Firmen vermarkten kann. Die Beschreibung formeller Richtlinien und wertvolle Erfahrungen aus der Praxis sollen helfen, möglichst erfolgreich vorzugehen und wesentliche Fehler zu vermeiden.

Da der Autor selbst ein kleiner Erfinder ist und **kein Rechtsexperte**, kann keine Haftung für den Inhalt übernommen werden. Ziel ist es nicht juristisch perfekte Erklärungen zu bringen, sondern den umfangreichen Sachverhalt möglichst übersichtlich und leicht verständlich darzustellen. Wer hundertprozentig sicher gehen will, sollte einen Patentanwalt einschalten. Das Risiko bezüglich Kosten für

Anwalt und Patentanmeldung, bezogen auf den evtl. zu erwartenden Gewinn, muss jeder für sich einschätzen.

Jedoch kann sich auch jeder selbst mit einem minimal Einsatz von DM 100,- seine Rechte sichern und erfolgreich verkaufen. Was dabei zu beachten ist und wie vorgegangen werden sollte, wird im folgenden beschrieben.

Viel Spass beim erfolgreichen Erfinden und beim "Durchboxen" deiner Ideen,

Klaus Beck

Inhaltsverzeichnis

1 IDEE

Es hat gefunkt. Plötzlich kam der Geistesblitz. Eine geniale Idee, die eigentlich jeder gebrauchen kann und somit ziemlich viel Geld wert sein müsste - denkst du. Die Begeisterung für eine neue Idee ist sehr wichtig. Nur wer von seiner Sache überzeugt ist, hat die Chance etwas daraus zu machen.

Auf der anderen Seite ist es sehr leicht jede Idee schlecht zu machen. Es gibt hunderte von Gründen, warum das ganze nicht funktionieren kann, warum die Sache keiner braucht, warum es einfach doch keine gute Idee ist, warum alles viel zu kompliziert ist.

Hier einen Mittelweg zu finden ist sehr schwierig. Oft lässt es sich im Vorfeld sehr schwer abschätzen, ob eine Idee wirklich brauchbar und neu ist. Dies ist jedoch die grundlegende Frage. Das heißt, sie muss sehr sorgfältig untersucht und beantwortet werden.

Hierzu musst du neutral an die Sache herangehen. Du musst dich auch in die Lage anderer hineinversetzten können. Für den Erfinder ist es die geniale Idee überhaupt, was zählt ist jedoch die Meinung anderer. Wie denkt eine Firma über die Idee? Wie denkt der Anwender über die Sache? Ist der Nutzen wirklich so groß wie zunächst angenommen? Gibt es so etwas vielleicht schon lange? ...

Zahlreiche Fragen müssen sorgfältig abgewägt werden. Nicht zu kritisch, aber auch nicht zu oberflächlich. Letztendlich wird wohl immer die Intuition, also das Gefühl mitentscheiden.

1.1 Ist die Idee überhaupt brauchbar?

Dieser Punkt ist einer der wichtigsten überhaupt. Oft überschätzt der Erfinder seine Idee und glaubt er hätte die weltbewegende Neuigkeit geschaffen. Ob dies wirklich so ist, solltest du sehr genau und sehr kritisch prüfen.

Also folgendes überdenken:

- Funktioniert die Idee wirklich ?
- Wer könnte die Idee anwenden ?
- Bringt die Idee wirklich wesentliche Vorteile ?
- Wieviel Stück pro Jahr könnten etwa verkauft werden ?
- Welcher Investitionsaufwand ist für eine Firma erforderlich ?

1.2 Ist die Idee neu?

Zahlreiche Ideen sind doch nicht so neu, wie man zunächst glaubt. Herauszufinden, ob schon mal jemand den selben Geistesblitz gehabt hat, ist schwierig. Folgende Möglichkeiten bieten sich an:

1.2.1 Beim eigenen Arbeitgeber

Wenn deine Idee den eigenen Arbeitgeber betrifft, ist es meist leicht herauszufinden, ob die Idee neu ist. In der Regel haben Firmen Archive mit Patentanmeldungen, Konkurrenzmustern... Du musst nur den richtigen Ansprechpartner in deiner Firma finden, was kein all zu großes Problem sein dürfte.

1.2.2 Messe Besuch

Messen zählen zu den wichtigsten Informationsquellen, wenn es um die Beurteilung einer Idee geht. Du erfährst nicht nur welche Produkte es bereits gibt, sondern auch welche Firmen in der Branche tätig sind.

Wenn du dir die Reise und das Geld für einen Messebesuch sparen willst, kannst du auch von den jeweiligen Messe-Gesellschaften Kataloge bestellen. Die Messe-Kataloge sind zwar relativ teuer, bieten jedoch eine sehr gute Zusammenfassung von Firmenadressen der für die Erfindung geltenden Branche. Über Produktverzeichnisse findest du in der Regel schnell eine Auswahl von Firmen, die für deine Idee in Frage kommen. Um genauere Informationen zu erhalten, genügt ein Fax bzw. Brief oder e-mail an die Firma und jede Menge Prospekte flattern ins Haus.

1.2.3 Internet

Das Internet bietet weltweit Informationen zu tausenden von Firmen. Hier die richtige Firma zu finden ist relativ schwierig. Bei einer meiner Ideen habe ich versucht, mögliche Interessenten direkt per Internet zu finden. Nachdem jedoch trotz langwieriger Suche kein brauchbares Ergebnis abzusehen war, habe ich dann doch aufgegeben.

Kurz darauf habe ich wiederum per Internet eine andere Strategie angewendet. Nachdem die direkte Suche im Chaos endete, habe ich beschlossen über Messe-Gesellschaften weiter zu kommen. Folgende Vorgehensweise hat sich als sehr erfolgreich erwiesen:

a) Informieren, welche Messen es für die entsprechende Branchen gibt (Beispiele: siehe Anhang).

b) Per Internet die betreffende Messe-Gesellschaft aufrufen. Z.B. Messe Nürnberg, Kölner Messe, ... Hier gibt es in der Regel übersichtliche Verweise zu den einzelnen Messen an dem entsprechenden Standort.

c) Wer die richtige Messe gefunden hat, erhält dann ein sauber gegliedertes Ausstellerverzeichnis oder Produktgruppenverzeichnis ...

d) Wer die Informationen schwarz auf weiß oder auch auf CD- Rom haben will, um in Ruhe die richtigen Firmen auszusuchen, der kann sich auch einen Messekatalog bestellen. Kataloge gibt's meist vor dem eigentlichen Messetermin, oder auch nachträglich, wenn die Messe schon vorbei ist.

e) Wenn bestimmte Firmen mit ihrer kompletten Adresse bekannt sind, kannst du jetzt gezielt per Internet auf die Seiten dieser Firmen zugreifen und dort weitere Informationen finden. Zudem kannst du selbstverständlich auch per E-mail, Telefon, Fax oder Brief Kontakt aufnehmen.

Besonders beeindruckt hat mich die Kontaktaufnahme mit einer chinesischen Firma. Aus dem Katalog der Kölner Eisenwarenmesse habe ich den Firmennamen mit kompletter Adresse erfahren. Über die Internet-Seiten dieser Firma erfuhr ich sehr viel über das Unternehmen und seine Produkte. Somit wusste ich, dass ich hier richtig bin. Per e-mail habe ich kurz beschrieben, was ich mir ausgedacht hatte. Bereits einen Tag später kam eine Antwort per mail, in der ein Chinese weitere Informationen anfragte. Die Kommunikation in Englisch und per e-mail funktionierte tadellos und sehr schnell. Lediglich ein großes Problem war vorhanden: in China ist es nicht so einfach eine Idee über ein Patent zu schützen. Wenn ich der Firma genau beschrieben hätte, was ich in Deutschland zum Patent angemeldet habe, dann hätte die chinesische Firma einfach das Teil produzieren können. Die Durchsetzung meiner Rechte in China wäre sehr aufwendig und unsicher gewesen. Somit hat sich die Sache dann erledigt und ich habe dann doch im "vertrauenswürdigeren" europäischen und amerikanischen Bereich weiter gemacht.

1.2.4 Internet, Patentrecherche

Patent-Recherchen sind inzwischen kostenlos im Internet möglich. Adresse: http://de.espacenet.com (Stand 20.9.00). Achtung: am besten nicht die zunächst vorgegebene Maske ausfüllen, sondern gleich "weltweit..." anklicken. Nur mit dieser Funktion habe ich interessante und brauchbare Ergebnisse erzielt.

1.2.5 Fachgeschäfte, Kataloge, Prospekte

Auch in Fachgeschäften, Bauhäusern... kannst du nach ähnlichen Produkten und den entsprechenden Herstellern suchen. Prospekte gibt's direkt im Fachgeschäft, oder über ein kurzes Schreiben an die Hersteller- bzw. Vertriebsfirma.

1.2.6 Patentinformationszentren

Bei den Patentinformationszentren (PIZ) kannst du vor Ort in verschiedenen Datenbanken stöbern. Du kannst herausfinden was bereits patentiert wurde (Stand der Technik) und du kannst auch Formulierungsbeispiele suchen, die du dann in deine eigene Patentanmeldung einbauen kannst. Zudem gibt es bei den PIZ zu bestimmten Zeiten kostenlose Erfinderberatung. Ebenso: Anwaltsverzeichnisse sowie weiteres Informationsmaterial.

➔ **Ein Besuch lohnt sich immer.**

Das Verzeichnis der Patentinformationszentren kann kostenlos beim deutschen Patentamt bestellt, bzw. per Internet geladen werden. Adressen: siehe Anhang.

Es gibt in der Regel Zugriff auf folgende Dokumentationsformen:

1.2.6.1 Schriftliche Dokumentation, Mikrofilme

Vorteil: kostenlos. Nachteil: etwas umständlich.

Vorgehensweise:

a) Anhand eines **Stichwortverzeichnisses (graues Buch)** findest du zu einem Schlagwort ein Klassifikationssymbol, z.B. B60R 1/02

b) Anhand der **IPC-Gruppenmappe (grüne Hefte)** kannst du prüfen, ob du die richtige technische Sachgruppe gefunden hast bzw. ob es weitere interessante Sachgruppen in diesem Bereich gibt. (IPC = Internationale Patentklassifikation)

c) Wenn du die richtigen IPC-Gruppen gefunden hast füllst du einen Leihzettel aus. Du erhältst dann die entsprechenden Offenlegungs-

und Patentschriften oder auch Gebrauchsmuster auf Mikrofilm zur Einsicht.

d) Am Mikrofilm-Projektor kannst du in Ruhe die Schriften durchblättern. Interessante Schriften kannst du notieren und einen Ausdruck verlangen. (Ausdruck kostet ein paar Mark)

1.2.6.2 CD - Rom - Datenbanken

Am besten nachfragen, welche Möglichkeiten es gibt. Ein PIZ - Mitarbeiter wird dich kurz einweisen. Danach kannst du selbständig recherchieren. Die Benutzung der Datenbank ist in der Regel kostenpflichtig.

Beispiel: Stuttgart 1999: 90,- DM/Stunde. Erste Stunde kostenlos. 1,- DM/Seite Datenbankausdruck.

1.2.6.3 Online - Datenbanken

Es besteht die Möglichkeit in internationalen Patent- Technik- und Wirtschafts - Datenbanken zu recherchieren. Dies ist jedoch relativ teuer. Am besten die Mitarbeiter des PIZ nach Möglichkeiten und Preisen fragen.

2 WAS KOMMT NACH DER IDEE ?

Die Idee selbst bestimmt noch lange nicht den Erfolg. Super Ideen gehen unter, wenn nicht richtig vorgegangen wird. Dagegen können auch miese Ideen zum Renner werden, wenn alles gut läuft. Wie sagte schon Meistererfinder Edisson:

> *"Eine Erfindung besteht zu 1% aus Inspiration*
> *und zu 99% aus Transpiration"*

Es erfordert viel Schweiss, um eine Idee zum laufen zu bringen. Die Idee ist eigentlich nur der Startschuss für einen langen Weg, der zwischen Idee und Erfolg liegt. Auf dem Weg zum Ziel (an dem nur wenige ankommen !) musst du einige Hürden überwinden.

Idealer Weise bräuchte man ein Team aus mindestens drei Personen zur erfolgreichen Umsetzung einer Idee. Wenn einer der folgenden fehlt, stehen die Chancen schlecht.

➤ Einer muss der pfiffige **Erfinder** sein, der die geniale Idee hat. Klar, ohne Idee geht nichts.

➤ Ein zweiter muss ein **Rechts-Experte** sein, der genau weiß wie die Idee abgesichert werden kann und wie später evtl. Verträge mit Firmen abgeschlossen werden.

➤ Der dritte wäre ein **Marketing-Experte**, der es versteht die Idee überzeugend und erfolgreich an den Mann zu bringen.

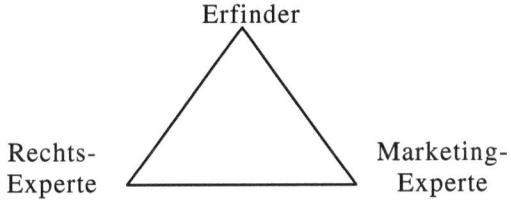

Sicherlich gibt es allround-Talente, die alle drei Kategorien beherrschen. Da die Aufgaben jedoch total unterschiedliche Anforderungen an die Menschen stellen, sind in der Regel tatsächlich drei verschiedene Personen erforderlich.

Wer Glück hat, hat im Bekanntenkreis die entsprechenden Experten, die gerne aushelfen. Finanzkräftige Firmen können es sich leisten entsprechende Experten für teures Geld anzuheuern. Der kleine Erfinder bräuchte evtl. noch eine vierte Person, nämlich einen Geldgeber. Dieses Glück haben jedoch nur wenige.

Ein Mittelweg sind Ideen-Vermarktungsfirmen, die zum Teil nur bei Erfolg eine Beteiligung verlangen. Zudem gibt es sicherlich auch in deiner Region kostenlose Erfinderberatung. Am besten mal bei **IHK** und **Patentinformationszentren** nachfragen.

Das vorliegende Büchlein soll im folgenden auf die komplexe Problematik eingehen. Mit dem hier beschriebenen Wissen, solltest du dann selbst entscheiden welche Schritte du dir selbst zutraust und wo du Unterstützung durch weitere Beteiligte benötigst.

2.1 Die erste Hürde: Der Erfinder selbst

Die Einstellung des Erfinders, der Mut zur Risikobereitschaft, der Glaube an die Sache und die hartnäckige Verfolgung eines Ziels. Dies sind die ersten grundsätzlichen Punkte, die schon viele Erfindungen im Sande verlaufen lassen.

2.1.1 Erfindertypen

Folgende Erfindertypen werden es schwer haben, zum Erfolg zu kommen:

DER PESSIMIST

Er hat eigentlich super Ideen, erkennt dies jedoch nicht. Er zweifelt ständig an der Brauchbarkeit oder an der Funktionalität. Die wahre Größe seiner Erfindung erkennt er erst dann, wenn ein anderer Erfolg damit hat.

DER SCHÜCHTERNE

Er ist zwar überzeugt von seiner Idee, wagt es aber nicht diese anderen Personen vorzustellen. Womöglich würde man ihn auslachen. Vielleicht gibt es die Idee ja doch schon viel zu lange. Am Ende behält er die Idee für sich, damit er niemanden damit belästigt.

DER PERFEKTIONIST

Dieser Typ verwendet viel Zeit um die Idee ständig zu verbessern. Hier noch eine Schraube, dort noch eine Fase und dann noch eine Kleinigkeit.... Er denkt seine Idee ist nie gut genug, sie muss ständig noch optimiert werden. Andere Leute mit halbfertigen Ideen zu belästigen wäre unverantwortlich und niemals erfolgversprechend. Somit vergisst auch er die Idee zu Geld zu machen, sie zu vermarkten.

DER VOLLBLUT-TECHNIKER

Er hat ausgezeichnete Ideen und löst alle technischen Probleme elegant und souverän. Jedoch ist er nicht in der Lage die Idee zu vermarkten. Kaufmännisches Denken, Marketing, Rechtsfragen und Formalitäten, liegen ihm nicht und von solchem theoretischen Zeug will er auch nichts wissen. Alleine wird er keine Chance haben zum Erfolg zu kommen.

DER HELD

Er ist absolut überzeugt von sich und seiner Idee. Eine weltbewegende Erfindung, mit der Millionen verdient werden müssen. Vor lauter Euphorie vergisst er sorgfältig die Neuheit, die Funktion und die Brauchbarkeit zu prüfen. Dass die Super - Idee womöglich abgelehnt wird, kann er nicht verstehen. Er fühlt sich dann missverstanden oder hintergangen.

DER UNTERNEHMER

Endlich einer der nicht nur technisch denkt. Der Unternehmer weiß genau, dass die technische Idee nur ein kleiner Mosaikstein ist. Er macht sich schlau in Sachen Marketing, Rechtsfragen, Steuerfragen u.s.w. Wo er an seine Grenzen stößt, lässt er sich von anderen Helfen. Er wird es schaffen sowohl Mitstreiter, als auch Kunden zu mobilisieren. Mit Energie und Elan überzeugt er andere von der Sache. Somit hat er ausgezeichnete Erfolgschancen.

2.1.2 Fazit

Es ist wirklich schwierig eine Entscheidung über die Brauchbarkeit einer Idee zu treffen. Daher erfordert der erste Schritt sehr viel Mut, die Umsetzung sehr viel Wissen, Energie und Ausdauer. Insbesondere wer alleine im stillen Kämmerchen über die Sache nachdenkt hat sehr schnell die oben genannten Probleme.

Unbedingt empfehlenswert ist es, einen Freund, Kollegen, Vorgesetzten oder Bekannten hinzuzuziehen, der ganz neutral und ehrlich die Idee bewertet.

Tipp: Wenn ein Techniker und ein Kaufmann gemeinsam die Idee bewerten und vielleicht auch zusammen umsetzen, bestehen die größten Erfolgschancen. Nicht unbedingt technische, sondern unternehmerische Interessen und Fähigkeiten sind Bedingung für eine erfolgreiche Umsetzung einer Idee. Wenn du diese Fähigkeiten nicht hast, solltest du dich mit jemandem zusammen tun.

2.2 Die zweite Hürde: Formelle Richtlinien

Es geht um den Schutz deiner Idee. Per Handschlag und Vertrauen in die gute Welt kommst du nicht weit.

Wenn du in einer größeren Firma beschäftigt bist, dann hast du es sicherlich mit einem gut organisierten Patentwesen zu tun. Da bist du in der Regel gut aufgehoben und es kann wenig passieren.

In kleineren Firmen ist dies nicht unbedingt der Fall. Hier wird wesentlich mehr getrickst, vor allem wenn es um viel Geld geht.

Noch kritischer wird es, wenn du bei fremden Firmen anfragst. Dann musst du dich auf jeden Fall 100%ig absichern, um nicht unterzugehen.

2.2.1 Formalismus ist wichtig

Wer sich nicht mit den formellen Erfordernissen auskennt und wer sie nicht beachtet, hat schon verloren. Das Patentgesetz und das Arbeitnehmererfindungsgesetz kann dir nur helfen, wenn du es kennst und dich selbst an die Vorgaben hältst.

Der Schutz der Idee, die Vergütungsvereinbarung und so weiter, müssen sehr sorgfältig durchdacht und abgesichert werden.

Im Gegensatz zu kleinen Erfindern sind Firmen bzw. ihre Anwälte sehr erfahren in solchen Dingen. Sie werden jede Möglichkeit erforschen, um deine Idee nutzen zu können ohne eine nennenswerte Prämie zu bezahlen. Nur wer formell alles richtig absichert, hat gute Chancen eine angemessene Vergütung zu erhalten.

Die wichtigsten Richtlinien und die erforderliche Vorgehensweise, sind im Abschnitt "Deutsches Patent- und Erfinderrecht" beschrieben.

2.2.2 Die 100,- DM Strategie

Kann ich den ganzen Formalismus und die damit verbundenen Kosten überhaupt bewältigen ?

Für den kleinen Erfinder geht es in der Regel darum, einen Schutz für die Idee zu bekommen, so dass er diese bei verschiedenen Firmen anbieten kann. Die Kosten und auch das Risiko sollen dabei minimal sein.

Eine komplette Patentanmeldung kann leicht mal ca. DM 20.000,- kosten, Patentanwalt mit eingerechnet. Dieser Betrag muss jedoch bei entsprechender Vorgehensweise nicht vom Erfinder bezahlt werden.

Um den Schutzzweck zu erfüllen, reicht meist eine Anmeldung beim deutschen Patentamt aus. Die Anmeldegebühr beträgt DM 100,-. Dieser Betrag muss auf jeden Fall investiert werden.

Ab dem Eingang der Anmeldung beim Patentamt beginnt das sogenannte „Prioritätsjahr". Das bedeutet praktisch: du hast nun 12 Monate Zeit, um zu überlegen ob die Patentanmeldung weiter verfolgt werden soll, ob das Patent auch in anderen Ländern angemeldet werden soll oder ob du das Anmeldeverfahren abbrichst.

Oder anders ausgedrückt: man hat nun 12 Monate Zeit, um eine interessierte Firma zu finden. Die Anfragen kann man an Firmen in zahlreichen Ländern der Erde richten. Auf welche Länder später das Patent ausgeweitet werden soll, kann später entschieden werden.

Innerhalb der 12 Monate sind keine weiteren Kosten fällig.

Wer sich keinen Patentanwalt für die Erstellung der Anmeldeunterlagen leisten will, wird sicherlich zunächst einige formelle Fehler machen. Diese können jedoch meist später korrigiert werden.

Ziel sollte es sein, innerhalb der 12 Monate eine interessierte Firma zu finden, die dann alles weitere übernimmt. Ein Patentanwalt kann nachträglich im Auftrag der Firma die Anmeldeunterlagen korrigieren und die Firma soll dann auch die weiteren Kosten und Gebühren der Patentanmeldung tragen.

> Tipp: Patentanmeldung in Deutschland für DM 100,- einreichen. Anschließend innerhalb von 12 Monaten in irgendeinem Land eine Firma suchen, die das Patent übernimmt und das weitere Patentverfahren bezahlt und professionell betreut.

2.3 Die dritte Hürde: Die Erfindung an den Mann bringen

Auch dieser Schritt ist schwierig, egal ob es sich um den eigenen Arbeitgeber oder eine fremde Firma handelt.

2.3.1 Meldung an den eigenen Arbeitgeber

Dieser Schritt sollte erfolgen, egal ob die Idee den eigenen Arbeitgeber betrifft oder nicht. Nicht nur weil es in einem Gesetz vorgeschrieben ist, sondern vor allem, weil du dich nicht mit deinem Arbeitgeber anlegen solltest. Es ist sicherlich besser dem eigenen Arbeitgeber gegenüber mit offenen Karten zu spielen und nicht heimlich Aktionen zu starten, die deinen Arbeitsplatz gefährden könnten.

> Tipp: Bedenke immer, dass ein sicherer Arbeitsplatz mehr Wert ist als eine unsichere Idee. Verhalte dich daher immer offen und loyal, vor allem deinem Arbeitgeber gegenüber.

Wenn dein Arbeitgeber Interesse an der Sache hat, wird er ein beschränktes oder unbeschränktes Nutzungsrecht erlangen. "Unbeschränkt" heisst dein Arbeitgeber wird alle Rechte an der Erfindung übernehmen, somit brauchst du nichts weiteres mehr zu unternehmen. Lediglich über die Art und Höhe der Vergütung müsst ihr euch noch einigen.

Wenn dein Arbeitgeber die Erfindung nicht, oder nur beschränkt in Anspruch nimmt, wird die Erfindung frei. Du kannst damit problemlos bei anderen Firmen anklopfen und versuchen dort in´s Geschäft zu kommen. Zu beachten ist jedoch, dass du keine vertraulichen Informationen deines Arbeitgebers weiter gibst.

Wie die Meldung an den Arbeitgeber aussehen sollte, steht im Abschnitt "Arbeitnehmererfindungsgesetz"

2.3.2 Verbesserungsvorschlag oder Patent ?

Insbesondere in größeren Firmen gibt es oft ein betriebliches Vorschlagswesen. Mitarbeiter können Ideen und Anregungen einreichen und bekommen, sofern die Idee umgesetzt wird, eine Prämie.

Produktverbesserungen oder neue Produkte können auch als Verbesserungsvorschlag gemeldet werden. Die Vorgehensweise ist in der Regel sehr einfach und unbürokratisch. Jedoch passiert es oft, dass hierbei gute Ideen einfach abgelehnt werden, z.B. weil die Firma ein anderes Produkt bevorzugt, weil gerade keine Entwicklerkapazität frei ist, weil der Vorschlag kurzfristig kommt und nicht zu den langfristigen Entwicklungsstrategien passt, weil die Umsetzung zur Zeit zu teuer und nicht rentabel ist, weil keiner Zeit für die Umsetzung des Verbesserungsvorschlags hat u.s.w. Folge: der VV wird abgelehnt und es gibt keine Prämie bzw. nur einen „Trostpreis".

Bei solchen Ideen sollte man sich genau überlegen, ob nicht ein VV sondern eine „Erfindungsmeldung" eingereicht werden soll. Vorgehensweise, wie weiter unten beschrieben. Die Firma muss jetzt vorsichtiger sein. Wenn die Erfindungsmeldung abgelehnt wird, verliert die Firma alle Rechte an der Erfindung und der Einreicher hat unter Umständen die Möglichkeit die Idee an andere Firmen weiterzugeben.

> Tipp: Prüfe bei guten Ideen in deiner Firma genau, ob du die Idee als Verbesserungsvorschlag oder besser als Erfindungsmeldung an deinen Arbeitgeber meldest.

2.3.3 Erfindernennung

Wenn dein Arbeitgeber die Erfindung zum Patent anmelden will, wird er den ganzen formellen Ablauf regeln. Ein Teil dieses Ablaufs ist die Nennung des Erfinders.

Insbesondere bei kleineren oder mittelständischen Unternehmen kommt es nun vor, dass die Firma vom Erfinder verlangt einen "Antrag auf Nichtnennung des Erfinders" zu stellen. Das bedeutet, der Name des Erfinders wird nicht veröffentlicht. Weder in der Offenlegungsschrift, noch in der Patentschrift steht dann dein Name.

Da hat man endlich mal was erfunden, erhält womöglich ein Patent und dann steht noch nicht mal der eigene Name drin. Dies ist dir natürlich überhaupt nicht recht. Denn - dein Name in einer Patentschrift oder Offenlegungsschrift ist sehr viel Wert.

Zum einen handelt es sich wiederum um einen Nachweis, dass du die Sache erfunden und somit Anspruch auf angemessene Vergütung hast. Zum anderen ist dein Name auf einer Patentschrift besonders viel Wert, wenn es um Bewerbungen geht. Alle möglichen Zeugnisse kann jeder vorlegen. Aber eine Offenlegungs- oder Patentschrift mit deinem Namen ist schon etwas besonderes. Damit hebst du deine Bewerbung eindeutig hervor. Wer deine Bewerbung liest sieht, dass du kreativ und ideenreich bist und das ist schon ein Argument für einen Anstellungsvertrag.

> Tipp: Als Erfinder hast du ein Recht darauf als Erfinder genannt zu werden! Unterschreibe niemals einen Antrag auf Nichtnennung des Erfinders, auch dann nicht, wenn es dein Arbeitgeber verlangt. Dies würdest du später sicherlich bereuen.

2.3.4 Wie finde ich eine interessierte Firma ?

Wenn der eigene Arbeitgeber kein Interesse zeigt, gilt es eine andere Firma zu finden, welche die Idee nutzen könnte.

Adressen von möglicherweise interessierten Firmen erhält man z.b. durch folgende Quellen:

- Messekataloge
- Fachgeschäfte
- Internet
- Erfindermessen, Erfinderbörsen (Beispiele: siehe Anhang)
- Firmendatenbanken
- „Wer liefert Was - Katalog"

(Siehe auch Kapitel "Ist die Idee neu?")

Bei der Auswahl der Firmen kann in der Regel schlecht abgeschätzt werden, wie groß das Interesse an einer neuen Idee ist. Daher sollten einfach mehrere Firmen angeschrieben werden. Die Resonanz zeigt dann schnell, wie groß das Interesse ist und vor allem, ob es die Idee vielleicht doch schon länger gibt.

Die größten Lizenzeinnahmen sind dort zu erwarten, wo die größten Stückzahlen produziert werden. Jedoch ist es entsprechend schwierig in größeren Firmen unterzukommen und ein offenes Ohr zu finden.

Kleinere Firmen werden möglicherweise nicht so viel bezahlen, sind aber oft eher bereit die Erfindung zu produzieren. Sie reagieren flexibler und haben damit die Chance mehr Umsatz und Marktanteile zu gewinnen.

Tipp: Wer sich im Kontakt mit Firmen unsicher ist, sollte sich an professionelle "Ideen-Vermarkter" wenden. Adressen gibt es z.B. in den gelben Seiten unter dem Stichwort "Patentverwertung". Die Leistungen dieser Unternehmen beinhalten oft auch die Fertigung von Prototypen und Mustern, die Erstellung von Beschreibungen und natürlich das Auffinden und professionelle Verhandeln mit interessierten Firmen.

2.3.5 Erstes Anschreiben

Das erste Anschreiben an einen möglichen Interessenten ist sehr wichtig. Das Interesse der Firma muss geweckt werden. Die Firma muss davon überzeugt werden, dass die Erfindung bisher vorhandene Probleme löst, wesentliche Vorteile und vor allem viel Umsatz und Gewinn bringt.

Der Aufbau des Schreibens kann z.b. folgendermaßen aussehen:

a) Briefkopf: Absender, Datum, Empfänger, Betreff

b) Kurze Vorstellung des Erfinders. Ausbildung, Beruf ...

c) Wie ist es zu der Idee gekommen ?

d) Beschreibung aktueller Stand der Technik.

e) Probleme bzw. Verbesserungspotential.

f) Beschreibung der **Problemlösung** und der **Vorteile** durch die neuen Idee. **Achtung: Die Idee ist jetzt noch nicht geschützt.** Daher keine technischen Details angeben. Die Firma darf jetzt noch nicht erfahren, wie die Sache genau funktioniert. Der Empfänger des Schreibens darf nicht in die Lage versetzt werden die Idee jetzt schon umzusetzen, ohne mit dem Erfinder weiteren Kontakt aufzunehmen. Er soll lediglich prüfen, ob die beschriebene Problemlösung für seine Firma wesentliche Vorteile bringt und ob die Firma grundsätzlich an einer Umsetzung einer entsprechenden Idee bereit ist. Sollte es nicht möglich sein die Idee entsprechend allgemein zu beschreiben, so kann die Kontaktaufnahme zu einer Firma erst später, nach der Patentanmeldung, erfolgen.

g) Wer kann die neue Idee nutzen.

h) Bitte um Prüfung der Idee. Bitte um Antwort, falls Interesse besteht.

i) Hinweis, dass Patentanmeldung derzeit ausgearbeitet wird und dass genauere Details erst nach dem Eingang der Anmeldung beim Patentamt genannt werden dürfen.

Es kann passieren, dass eine Firma sofort verkündet, es würde brennendes Interesse herrschen. Sie will sofort alle Details erfahren und wäre bereit eine Geheimhaltungsvereinbarung zu unterschreiben.

Da solltest du nicht mitspielen. Wenn du die Idee bekannt gibst, bevor die Patentanmeldung eingereicht wurde, kannst du später Probleme im Patentverfahren bekommen. Und zwar dann, wenn sich die Firma einfach nicht an die Geheimhaltungsvereinbarung hält bzw. wenn die Geheimhaltungsvereinbarung nicht sicher formuliert wurde.

Tipp: Nenne grundsätzlich niemals Details zu deiner Idee, bevor du die Patentanmeldung eingereicht hast. Wenn möglich im ersten Anschreiben nur das Problem und die Vorteile deiner Idee intensiv beschreiben. Die Idee zur Lösung des Problems erst mitteilen, wenn die Firma sich meldet und Interesse zeigt und wenn daraufhin die Patentanmeldung beim Patentamt eingereicht wurde.

2.3.6 Skizzen, Zeichnungen, Muster herstellen

Spätestens wenn Firmen Interesse an der Idee angekündigt haben, solltest du beginnen ordentliche Skizzen und Zeichnungen, gegebenenfalls auch leicht verständliche Beschreibungen, zu erstellen. Sehr hilfreich sind funktionsfähige Muster. Zum einen, damit du selbst sieht, ob die Sache überhaupt funktioniert. Zum anderen, weil du bei der Mustererstellung und beim „spielen" mit einem Modell oft jede Menge weitere Ideen bekommst. Zudem erkennst du am Modell leichter zahlreiche Umgehungsmöglichkeiten, die durch das Patent ebenfalls mit abgesichert werden müssen.

Nicht zuletzt helfen funktionsfähige Muster bei der Vorstellung bei interessierten Firmen. Wenn du am praktischen Beispiel zeigen kannst, um was es geht, tust du dir wesentlich leichter bei den nötigen Erklärungen. Zudem weckst du eher das Interesse der Verhandlungspartner. Der Verhandlungspartner wird dann nicht mit irgendwelchen Theorien und Behauptungen bombardiert, sondern er sieht mit eigenen Augen, dass die Sache funktioniert.

2.3.7 Patentanmeldung

Jetzt ist es soweit. Firmen zeigen konkret Interesse, sie wollen jetzt ganz genau wissen um was es geht. Bevor du jedoch konkrete Details verraten darfst, musst du dich mit der Patentanmeldung absichern. Nur mit einer sauber durchdachten Patentanmeldung bist du in der Lage eine entsprechende Vergütung auszuhandeln.

Was bei der Patentanmeldung zu beachten ist, steht weiter unten, im Abschnitt "Die Patentanmeldung".

Das Patent solltest du beim deutschen Patentamt anmelden. Sobald die Eingangsbestätigung des Patentamtes bei dir ankommt, kannst du die Sache bei Firmen vorstellen.

2.3.8 Vorstellung bei der Firma

Wenn soweit alles klappt, werden dich die Firmen zu einem persönlichen Gespräch bitten. Dort ist es wichtig, dass du einen seriösen und kompetenten Eindruck machst.

Wie bereits erwähnt ist es von Vorteil, die Erfindung anhand von ordentlichen Zeichnungen und noch besser anhand von Mustern zu erläutern. Damit die Firma nach deinem Besuch in Ruhe eine Entscheidung treffen kann, solltest du eine leicht verständliche Beschreibung, mit sachlich korrekter Betonung aller Vorteile hinterlassen. Fotos können ebenfalls eine positive Wirkung zeigen.

Wenn du selbst von der Sache überzeugt bist, wirst du automatisch die Technik sicher und kompetent beschreiben. Denke jedoch auch an ein paar kaufmännische Fragen bzw. Marketing-Fragen. Wer ist der Abnehmer des Produkts? Welche Stückzahlen könnten abgesetzt werden? Welche Investitionen sind zu erwarten? Zudem solltest du auf die Frage: "Wie soll weiter vorgegangen werden ?" vorbereitet sein.

Nachdem die Patentanmeldung abgegeben wurde, kannst du jetzt die wichtigen technischen Details nennen. Jedoch solltest du nicht zu viel verraten, nur das nötigste, das zum Verständnis der Sache wichtig ist.

Jeder Laie, der sich die Anwaltskosten nicht leisten kann oder möchte, wird bei der Patentanmeldung zahlreiche formelle Fehler machen. Vielleicht hat er auch den wichtigsten Anspruch 1 nicht sicher genug formuliert. Vielleicht sind die möglichen Umgehungsvarianten ebenfalls nicht sicher genug beschrieben.

Diese Mängel können gegebenenfalls nachträglich behoben werden. Im Umgang mit interessierten Firmen ist jedoch Vorsicht geboten.

Die Firma soll prüfen, ob die Idee brauchbar ist. Wenn ja, soll der Erfinder eine angemessene Prämie erhalten.

Die Firma soll nicht prüfen, wie die Patentanmeldung umgangen werden kann, so dass der Erfinder eben keine Prämie erhält. Sie soll nicht anhand der Anmeldeunterlagen Schlupflöcher suchen, um den Erfinder über den Tisch ziehen zu können.

Beim Patentamt kann eine Patentanmeldung in der Regel erst ca. 18 Monate nach Anmeldung eingesehen werden. Wenn der Erfinder nicht selbst die Anmeldeunterlagen an eine Firma übergibt, gibt es keine Chance für die Firma diese Unterlagen einsehen zu können.

Die Aussage: "Eine mögliche Prämie ist voll von der Patentfähigkeit abhängig. Die Anmeldung muss daher genauestens geprüft werden, um die Patentfähigkeit prüfen zu können", ist nicht immer richtig.

Entsprechende Firmen kennen exakt den Stand der Technik. Sie wissen genau welche technischen Lösungen und auch welche Patente es in der Branche gibt. Das bedeutet die Firma kann die neue Idee und ihre Patentfähigkeit sehr gut bewerten, meist sogar besser als jeder Prüfer eines Patentamtes.

Daher folgender Tipp:

Tipp: Die Firma soll nicht anhand der Anmeldeunterlagen prüfen, wie die Patentanmeldung umgangen werden kann. Wenn sie keine Anmeldeunterlagen hat, kann dies auch nicht geschehen.
Die Firma soll lediglich die Brauchbarkeit deiner Idee prüfen, mehr nicht. Dazu benötigt die Firma eine klare Beschreibung, jedoch nicht die Anmeldeunterlagen.
Erst nach vertraglicher Einigung mit der Firma solltest du die Anmeldeunterlagen übergeben, damit diese geprüft und unter deinem Mitspracherecht korrigiert werden können.

Versuche <u>wenn möglich</u> folgendes zu beachten:

- Versuche die Idee persönlich in der Firma vorzustellen. Wenn es sich um eine Interessante Idee handelt, wird dich die Firma gerne einladen.

- Zeige der Firma nicht die Anmeldeunterlagen. Sage nicht welche Eigenschaften im Patent abgesichert sind.

- Zeige möglichst viele Varianten anhand von Zeichnungen. Beginne mit einer einfachen, möglicherweise nicht brauchbaren Variante.

- Lass dir auf jeder Zeichnung bestätigen, dass es sich um eine Neuigkeit handelt. Dazu kannst du jede Zeichnung mit folgendem Text beschriften: "Hr. xy hat die zum Patent angemeldeten Erfindung "z" heute bei der unten genannten Firma vorgestellt. Hiermit wird bestätigt, dass die Ausführung, wie in der Zeichnung prinzipiell angedeutet, vorher nicht bekannt war. Firma:_____, Unterschrift:_____ Datum: _____"

- Erst wenn eine Zeichnung unterschrieben wurde kann die nächste Zeichnung vorgelegt werden. Die Zeichnung mit der Ideallösung sollte ganz zum Schluss kommen.

- Achte darauf, dass du alle Zeichnungen und Muster wieder zu dir nimmst. Gib nichts aus der Hand. Dein Gegenüber wird sicherlich sagen, dass er eine Kopie von dem haben will was er unterschrieben hat. Darauf kannst du erwidern dass dies kein Problem sei, jedoch erst am Ende deines Vortrages. Dann kannst du nämlich sagen, was die Zeichnungen kosten sollen.

- Während deines Vortrages wirst du schnell spüren, ob Interesse besteht, oder nicht. Wenn nein, hat sich die Sache bei dieser Firma erledigt. Wenn ja, kannst du jetzt sofort versuchen Geld aus deiner Idee zu machen. Mache dir im Vorfeld Gedanken darüber, welche Leistungen du bereits erbracht hast und was diese Leistungen Wert sein könnten. Stelle folgendes Angebot zusammen:

Dein Name, Adresse, Datum

Preisliste "Bezeichnung_der_Erfindung"

Dokumentation und Muster

Entwurfszeichnungen auf Papier: .... DM 500,-
Entwurfszeichnungen auf el. Datenträger: ....DM 1.000,-
Kopie Patentanmeldeunterlagen: ....DM 2.000,-
Musterteile... DM 800,-

Reservierung

Die interessierte Firma kann zu folgendem Preis verlangen, dass die Erfindung für einen befristeten Zeitraum keiner anderen Firma vorgestellt werden soll.

Reservierung.............. DM 500,- pro angef. Kalenderwoche

Inanspruchnahme

Unverbindlicher Vorschlag der Vergütung einer Inanspruchnahme. Die tatsächlich vereinbarten Bedingungen und Vergütungen werden in einem gesonderten Vertrag festgehalten.

Jährliche Zahlungen

1. Jahr:...................DM 50.000,- fällig sofort nach Vertragsabschluss
2. Jahr:...................DM 60.000,- fällig am 1.2.2000,
ab 3. Jahr: .... DM 70.000,- fällig am 1.2. des jeweiligen Jahres

oder einmalige Zahlung

Einmalzahlung .....DM 200.000,-

oder Lizenzsatz

Lizenzsatz:...........................5% des erzielten Umsatzes.

Beratung

Unterstützung bei Weiterentwicklung und Produktionseinführung, Bewertung von Entwürfen, Hilfestellung bei Problemfällen, Tipps, Empfehlungen...
Beratung beim Kunden vor Ort ... DM 1.000,- pro Tag, zzgl. Spesen
Schriftliche und tel. Anfragen........ DM 200,- pro Anfrage

Allgemeines

Bankverbindung: *Kreissparkasse xy, Blz.:, Kto:, Kto-Inhaber:*
Die angegebenen Preise sind Verhandlungsbasis.

Die Firma kann es sich nun aussuchen, ob sie mit viel Aufwand von vorne beginnt und erste Zeichnungen und Muster herstellt, oder ob sie deine Vorarbeiten und deine Erfahrung nutzt, um dann schneller voran zu kommen.

Selbstverständlich stellt dein Angebot nur eine Verhandlungsbasis dar. Letztendlich bleibt es deinem Verhandlungsgeschick überlassen, was wirklich herausspringt. Die Chancen beim Verhandeln liegen natürlich um so besser, je mehr Firmen sich für die Sache interessieren.

Tipp: Werde dir frühzeitig klar darüber, welche Einzelleistungen (Zeichnungen, Muster, Berechnungen...) du einer Firma anbieten kannst. Erstelle eine Liste mit Preisangaben, die dann als Verhandlungsbasis gilt.

Tipp: Auf die Frage, wie es denn nun weitergehen solle, kannst du ganz klar antworten, dass du gerade in der Vorstellungsphase bist. Mache deinem Ansprechpartner klar, dass du die Idee in aller Ruhe auch anderen Firmen vorstellen wirst. Die Firma, die als erstes ein akzeptables Angebot macht, erhält den Zuschlag.

2.3.9 Warum die ganze Geheimniskrämerei ?

Es ist mir klar, dass meine oben genannte Empfehlung mit dem Zurückhalten von Informationen, speziell der Anmeldeunterlagen, umstritten ist. Es gibt Experten die sagen, dass von vorne herein mit offenen Karten gespielt werden soll und dass ruhig alle Informationen sofort nach der Patentanmeldung an eine Firma gegeben werden können. Der Schutz ist da und spätestens bei der Offenlegung erfährt sowieso jeder was in den Anmeldeunterlagen steht.

Diese Ansicht teile ich jedoch nicht, aus folgenden Gründen:

- Wenn du alle Anmeldeunterlagen und alle Beschreibungen sofort an eine Firma schickst, ist die Wahrscheinlichkeit groß, dass du nie wieder etwas von der Firma hörst.

- Vor allem wenn deine Patentanmeldung nicht 100%ig formuliert wurde, wird eine interessierte Firma einfach deine Idee produzieren. Dies wirst du jedoch erst sehr spät erfahren, nämlich dann wenn deine Idee auf dem Markt erhältlich ist.

- Wenn jedoch die Unterlagen nicht komplett sind bzw. wenn zu Beginn der Kontaktaufnahme noch gar nicht ganz klar ist, um was für eine Erfindung es sich handelt, dann werden sich die Firmen melden, wenn auch nur im geringsten Interesse an der von dir beschriebenen Problemlösung bzw. Erfindung bestehen könnte.

Vorteil:

- Du erfährst, ob prinzipiell Interesse an der Lösung des genannten Problems besteht.

- Du hast einen Ansprechpartner, dem du persönlich einiges erklären kannst und den du evtl. fragen kannst, warum die Idee abgelehnt wurde. Diese Information ist sehr viel Wert.

- Du hast gute Chancen alle weiteren Informationen, Muster ... persönlich in der Firma vorstellen zu können.

- Wenn du die Anmeldeunterlagen übergibst nachdem du persönlich bekannt bist, hast du zumindest eine theoretische Chance zusammen mit der Firma eine gütliche Einigung bezüglich Umgehungsmöglichkeiten zu erlangen. Evtl. hast du ja zumindest schon für die Übergabe der Anmeldeunterlagen Geld erhalten. ➔ auch wenn deine Patentanmeldung nicht sicher formuliert wurde, hast du eine letze Chance trotzdem ein Paar Mark dafür zu erhalten.

Daher nochmals folgender Tipp:

Tipp: Versuche bei Kontaktaufnahmen mit Firmen schrittweise vorzugehen. Zunächst sehr wenige Informationen andeuten, um Interesse zu wecken. Dann Schritt für Schritt mehr verraten. Erst wenn es nicht mehr anders geht, bzw. wenn die Firma bereit ist etwas dafür zu bezahlen oder auch wenn die Patentanmeldung bereits offengelegt wurde, sollten die kompletten Unterlagen rausgerückt werden.

Diese Vorgehensweise sollte auf jeden Fall versucht werden. Bei mittelständischen Betrieben habe ich sehr gute Erfahrungen damit gemacht. Größter Vorteil ist wie gesagt der persönliche Ansprechpartner über den alle Informationen fließen.

Absolut unmöglich ist diese Vorgehensweise z.B. bei bestimmten amerikanischen Konzernen. Dort wird beamtenmäßig überprüft, ob alle Anmeldeunterlagen, Formulare und Erklärungen abgegeben wurden. Wenn eine Kleinigkeit fehlt, besteht keine Chance, dass die eigentliche Idee überprüft wird.

Daher muss je nach Firma entschieden (oder befolgt) werden, wie vorgegangen wird.

2.3.10 Warum super Ideen abgelehnt werden

Enttäuschungen und Absagen sind zu erwarten. In der Regel wird es nie so sein, dass eine Erfindung schnell und problemlos von einer Firma übernommen wird und dass die Firma sofort jede Menge Kohle raus rückt. Auch wenn man selbst noch so von der neuen Sache überzeugt ist, so ist es oft doch sehr schwer auch andere davon zu überzeugen.

Große Firmen und Konzerne haben in der Regel fest geplante Entwicklungs- und Produktprogramme. Es wird ein enormer Aufwand investiert, um diese Entwicklungen durchzuführen und produktionsreif zu machen. Wenn nun ein kleiner Erfinder kommt und eine geniale Idee hat, die jedoch nicht in das starre Entwicklungsprogramm passt, dann hat er keine Chance die Idee unterzubringen. Es gibt kein Budget und kein Personal, das sich mit solchen ungeplanten Ideen beschäftigen kann. Kurz: keiner hat Zeit für so etwas. Der Verwaltungsapparat, der in einer größeren Firma angestoßen werden müsste ist oft eine unüberwindbare Hürde.

Kleinere Firmen reagieren da wesentlich schneller und flexibler. Hier ist die Chance groß, dass ein technischer Leiter oder sogar ein Geschäftsführer die Idee spontan akzeptiert und umsetzt. Aber auch hier ist der richtige Zeitpunkt wichtig. Wenn die Firma erst vor kurzem eine größere Änderung bzw. ein neues Produkt eingeführt und entsprechend investiert hat, so wird sie in der Regel nicht gleich wieder neu investieren. Vor allem dann nicht, wenn dadurch die Auslastung der bestehenden Anlagen gefährdet wird.

Beispiele für Entscheidungsgrundlagen von Firmen:

- Wie aktuell bzw. wie wirtschaftlich sind die bereits vorhandenen Produkte und Produktionsanlagen ?
- Welcher Entwicklungsaufwand ist mit der Einführung der neuen Idee verbunden ?
- Welche Investitionen sind erforderlich ?

- Ist die Firma bereit und in der Lage <u>derzeit</u> eine entsprechende Investition zu tätigen ?
- Gibt es gerade freies Personal, das sich mit der Sache befassen kann ?
- Passt das Produkt in die Produktpalette ?

...

Diese Überlegungen stellen leider oft die eigentliche Basisüberlegung in den Hintergrund: Wieviel Umsatz bzw. Gewinn kann mit der Idee erwirtschaftet werden?

Tipp: Die Randbedingungen für die Akzeptanz einer neuen Idee kann ein externer Erfinder oft nicht abschätzen. Insider - Wissen ist hier sehr viel Wert, ansonsten brauchst du jede Menge Glück, um den richtigen Zeitpunkt bei der richtigen Firma zu erwischen.

Und noch etwas: In der Regel haben Firmen eine eigene Entwicklung, Technik - Abteilung bzw. einfach Leute, die für die Weiterentwicklung und Optimierung von Produkten und Verfahren zuständig sind. Diese Leute sehen Ihre Aufgabe darin neue Ideen zu entwickeln und umzusetzen.

Wenn nun ein Firmenfremder anklopft und sagt er hätte da eine super Idee, dann kann dadurch schnell ein Konkurrenzdenken hervorgerufen werden. Irgend ein Fremder hatte eine bessere Idee als jemand der von seiner Firma dafür bezahlt wird solche Ideen zu haben.

Diese Denkweise ist zwar eigentlich ziemlich unsinnig, jedoch in der Praxis keine Seltenheit. Der "zuständige" Entwickler oder Techniker wird sofort 100 Argumente vorlegen, warum die Idee des Fremden nicht funktionieren kann bzw. nicht umsetzbar ist. Um selber besser da zu stehen wird er bei seinen Chefs erreichen, dass die Idee des Fremden abgelehnt wird.

Die Brauchbarkeit der Idee sollte also zunächst neutral geprüft werden. Diese Prüfung sollten Leute durchführen, die direkt dafür zuständig sind den Umsatz bzw. Gewinn der Firma zu steigern. Wenn du es schaffst den Geschäftsführer oder einen Vertriebsleiter einer Firma für die Idee zu gewinnen, so sind die Chancen der Umsetzung groß.

> Tipp: Wenn du Deine Idee einer Firma anbieten willst, solltest du dich nicht mit der Entwicklung oder einer technischen Abteilung in Verbindung setzen. Wende dich lieber an den Vertrieb, die Geschäftsleitung oder eine andere Abteilung, die neutral deine Idee bewerten kann.

Ein weiterer Punkt, warum Erfindungen abgelehnt werden, ist leider auch die Erfindervergütung. Freie Erfinder, wie auch Arbeitnehmererfinder haben Anspruch auf eine Vergütung. Wird die Erfindung im großen Stil produziert und verkauft, so kann der Erfinder sehr schnell einen Rechtsanspruch auf eine sehr hoher Vergütung erlangen. Dies ist etwas, was so mancher Firma überhaupt nicht gefällt, obwohl die Firma tatsächlich enorm von der Sache profitiert.

> Tipp: Mache dir keine all zu großen Hoffnungen auf eine enorm hohe Vergütung. Je höher deine Forderungen, desto schwieriger wird es mit der Akzeptanz und der Umsetzung. Eine kleinere Vergütung zu erhalten ist schon ein gutes Erfolgserlebnis. Dies ist wesentlich mehr Wert als eine Riesenvergütung, trotz umfangreicher Anstrengungen, nicht zu erhalten.

Deine Chancen steigen wesentlich, wenn du frühzeitig bekannt gibst, dass du keine Unsummen verlangen willst. Dies kann zum Beispiel durch folgende Aussage geschehen: *"... Sollten Sie Interesse an dieser Idee haben, so bin ich bereit Ihnen alle Rechte für eine pauschale Abfindung in Höhe von DM 10.000,- zu überlassen ..."*. Ob du damit auf Millionen verzichtest oder immerhin DM 10.000,- relativ sicher und kurzfristig in der Tasche hast, musst du allerdings selbst abwägen.

Vorteilhaft ist dieser Schritt z.B. in folgenden Fällen:

- Wenn absehbar ist, dass die Erfindung mit geringen Einbußen umgangen werden kann. D.h. die Firma kann für nur DM 10.000,- die volle Leistungsfähigkeit der Idee in Anspruch nehmen. Ansonsten könnte die Firma auch eine abgespeckte oder ähnliche Version produzieren, um mehrere 100.000,-DM Erfindervergütung zu sparen.

- Wenn du aus irgendwelchen Gründen kein großes Vertrauen in die Firma hast. 10.000,- in der Tasche ist schon etwas. Mehrere 100.000,- DM mit hohem Risiko gegen eine große Firma vor Gericht durchzuboxen ist extrem schwierig, zeitaufwendig, teuer und oft aussichtslos.

- Wenn klar ist, dass im Moment noch kein Markt für die Idee vorhanden ist. Viele Ideen werden erst einige Jahre nach dem Bekannt werden produziert und verkauft. Ein kleiner Erfinder wird in der Regel nicht jahrelang Patentgebühren bezahlen, bis endlich jemand die Sache produziert. Eine Firma wird dies schon eher tun, wenn sie selbst abschätzt, dass die Sache nach einer gewissen Entwicklungsphase oder einer bestimmten Marktentwicklung erfolgversprechend sein wird. Firmen, die es sich leisten können, legen sich daher "Vorrat-Patente" an, die vielleicht erst in einigen Jahren beansprucht werden.

- Wenn du schon einige Absagen erhalten hast. Vielleicht besteht ja doch noch eine Chance, wenn du die Idee quasi als "Sonderangebot" zu einem günstigen Pauschalpreis anbietest.

- Wenn du nicht zu denen gehörst, die sich krampfhaft an eine einzige Idee klammern, sondern jede Menge Ideen haben. Für mehrere Ideen eine kleine Prämie ist wesentlich mehr als für eine einzige Idee keine Prämie.

- Nicht zuletzt: Wenn dir ein Erfolgserlebnis mehr Wert ist als die riskante Aussicht auf sehr viel Geld.

2.3.11 Sprung in die Selbständigkeit

Die Gründung einer eigenen Firma verspricht, bei brauchbarer Idee und erfolgreicher Umsetzung, den größten Gewinn. Sie birgt jedoch auch das größte Risiko. In vielen Fällen ist eine Idee bzw. ein Patent ideale Ausgangsbasis für den Sprung in die Selbständigkeit. Jedoch sollte dieser Schritt sehr sorgfältig überlegt werden. Arbeitslose werden sich hier leichter tun, da sie nicht viel zu verlieren haben und evtl. zusätzlich von bestimmten Förderprogrammen profitieren. Wer jedoch einen guten Job hat, sollte sich genau überlegen, ob er diesen Job riskiert und aufgibt.

Auch die bereits erwähnte Trägheit größerer Firmen hat schon so manchen dazu bewogen selbst die Sache in die Hand zu nehmen und mit einer eigenen Firma das Patent umzusetzen. Teilweise sind dadurch beachtliche Firmen mit mehrstelligem Millionenumsatz entstanden.

Wer seine Erfindung selbst produzieren will, muss ein Unternehmertyp sein. Nicht die Idee, sondern die unternehmerische Begabung des Firmengründers bestimmt den Erfolg. Er muss gut organisieren können. Er muss nicht nur technisch eine Produktion aufbauen, sondern auch Beschaffung, Vertrieb, Buchhaltung, Personalwesen u.s.w. Er muss sich mit Rechtsformen, Steuerfragen, Gesetzen und Verordnungen auseinandersetzen und wiederum einen enormen Formalismus bei Behörden und Ämtern bewältigen können. Wie oben schon erwähnt, ist dieser Schritt wesentlich einfacher, wenn ein Techniker und ein Kaufmann zusammen arbeiten.

Ein gewisses Startkapital ist erforderlich. Förderprogramme und günstige Kredite für Existenzgründer müssen geprüft werden.

Wichtig ist auch, dass die Familie diesen Schritt akzeptiert. Einen 8 Stunden - Tag und viel Freizeit bzw. Urlaub wird es vorerst nicht mehr geben. Dies muss der Rest der Familie einsehen.

Auch gesundheitlich sollte alles in Ordnung sein. Wer wegen einer längeren Krankheit ausfällt, erhält als Selbständiger keine Lohnfortzahlung.

u.s.w.

Tipp: Überlege genau, ob nicht nur die Idee, sondern auch das ganze Umfeld für eine Existenzgründung geeignet ist. Informiere dich genau über die Konsequenzen. Lass dich von Experten beraten.

Literaturhinweis: *Jürgen Arnold, "Existenzgründung, von der Idee zum Erfolg, der sichere Weg zum erfolgreichen Unternehmen", Max Schimmel Verlag, Würzburg, 1996.*

2.4 Die vierte Hürde: Vereinbarung einer Vergütung

Wer es so weit geschafft hat, sollte auch diesen Punkt nicht vernachlässigen. Der Vertrag über eine Vergütung muss sehr sorgfältig durchdacht werden.

2.4.1 Keine zu hohen Ansprüche stellen

Es ist sehr schwierig abzuwägen, wie hoch eine Vergütung tatsächlich ausfällt. Es gibt zwar Richtlinien zur exakten Berechnung einer Vergütung (siehe weiter hinten), jedoch bleibt es immer deinem Verhandlungsgeschick überlassen, was letztendlich wirklich vereinbart wird. Einerseits willst du kein Geld verschenken und dich nicht über den Tisch ziehen lassen. Andererseits solltest du auch keine zu hohen Ansprüche stellen, da du sonst alle möglichen Schwierigkeiten bekommen kannst.

Insbesondere wenn du deine Idee an deinen **Arbeitgeber** weitergibst, ist es nicht empfehlenswert hohe Forderungen zu stellen. Wenn du in deiner Firma gut verdienst und auch noch länger dabei bleiben willst, ist es das Beste, du freust dich über das Angebot, das dir dein Arbeitgeber machen wird. Zudem bist du bei Erfindungen, die von deinem Arbeitgeber genutzt werden relativ gut durch das Arbeitnehmererfindungsgesetz und die Vergütungsrichtlinien abgesichert.

Fremden Firmen gegenüber ist es etwas komplizierter. Eigentlich sollte das erste Angebot einer fremden Firma angezweifelt und genauestens geprüft und korrigiert werden. Möglichst durch einen **neutralen Experten**, der etwas von der Sache versteht. Andererseits musst du wissen, welche Ansprüche du stellen kannst. Wenn du nur eine einzige interessierte Firma hast, wirst du keine großen Forderungen stellen können. Wenn mehrere Firmen Interesse zeigen, kannst du deine Ansprüche ruhig etwas höher schrauben. Fremden Firmen gegenüber hast du nahezu freien vertraglichen Gestaltungsspielraum. Dies kann unter Umständen zu Nachteilen führen, da der schützende Rahmen des Arbeitnehmererfindungsgesetzes und der Vergütungsrichtlinien nicht gilt.

Tipp: Im Kontakt mit fremden Firmen, solltest du eine Vereinbarung grundsätzlich von einem neutralen Experten, z.B. von einem Patentanwalt, prüfen lassen. Nicht unbedingt wegen der Höhe der Vereinbarung, sondern vor allem damit du wirklich sichergehen kannst das zu erhalten, was du mit deinem Verhandlungspartner diskutiert hast.

2.4.2 Pauschale Abfindung

Ob du dich auf der Basis einer einmaligen Pauschalvergütung oder einer umsatzabhängigen Beteiligung einigst, ist genau zu überlegen. Beide Wege haben ihre Vor- und Nachteile.

Bei der pauschalen Abfindung hast du schnell und unkompliziert einen größeren Betrag in der Hand. Die Vereinbarung sollte so abgeschlossen werden, dass die Firma mit dem Patent machen kann was sie will. Somit brauchst du dich selbst um nichts mehr zu kümmern. Das Risiko, dass das Patent ein Flop wird, trägt - bei richtigem Vertragsabschluss - die Firma.

Wenn du dem Patentamt als Anmelder genannt wurdest, gibt es die Möglichkeit nun **das Patent auf die Firma zu überschreiben.** Somit wirst du als Erfinder und die Firma als Anmelder in der später erscheinenden Patentschrift genannt. Bei der pauschalen Abfindung ist dies kein Problem. Du solltest lediglich darauf Achten, dass die Umschreibung beim Patentamt erst dann erfolgt, wenn du den vereinbarten Betrag in der Tasche hast.

Auch an die eigene Steuererklärung sollte gedacht werden, damit der Staat nicht allzuviel von der hart erkämpften Vergütung einsteckt. Bezüglich der zu zahlenden Steuer können bei einer einmaligen Zahlung Nachteile entstehen. Je höher ein einmaliger Betrag ist, desto höher ist der zu zahlende Steuersatz.

> Tipp: Wenn eine pauschale Abfindung vereinbart wird, kann es sinnvoll sein die Auszahlung auf mehrere Jahre zu verteilen. Dadurch sicherst du dir unter Umständen einen wesentlichen Steuervorteil.

In so manchen Vereinbarungen über pauschale Abfindungen steht, dass die Vergütung fällig wird, wenn das Patent erteilt wurde. Dies kann jedoch sehr lange dauern. Je nachdem, wie die Firma das Patentverfahren verzögert, 4...5 Jahre oder auch länger. Zudem kann es passieren, dass die Firma die Patentanmeldung nicht aufrecht erhält, aber trotzdem die Sache produziert.

Tipp: Auf eine Bezahlung einer Vergütung ab Patenterteilung solltest du dich nicht einlassen. Insbesondere eine Pauschalvergütung sollte entweder sofort, oder spätestens ab Nutzung des Patents gezahlt werden. Das heißt, spätestens wenn die Produkte hergestellt und verkauft werden.

Das Angebot einer Pauschalvergütung ist bei Firmen sehr beliebt. In der Regel handelt es sich um relativ kleine Beträge. Die Firma erhofft sich, dass mit einem Pauschalbetrag, z.B. in Höhe von DM 10.000,- alle Ansprüche des Erfinders abgegolten sind. Wenn du als Arbeitnehmer mit deinem Arbeitgeber eine solche Vereinbarung abschließt, dann solltest du wissen, dass du dieser Vereinbarung widersprechen kannst. Und zwar dann, wenn die Pauschale wesentlich kleiner ist, als das was laut Vergütungsrichtlinien fällig wäre. Mehr dazu im Abschnitt "Das Arbeitnehmererfindungsgesetz".

2.4.3 Umsatzabhängige Beteiligung

Eine umsatzabhängige Beteiligung wird zunächst weniger abwerfen, da erst mal abgewartet werden muss, bis die Sache so richtig verkauft wird. Sollte die Sache nicht erfolgreich verkauft werden, gibt's auch keine hohe Prämie. Sollte das Patent jedoch ein Erfolg werden, wird langfristig gesehen wesentlich mehr herausspringen als bei einer einmaligen Abfindung.

Bezüglich der Steuer, die für das Einkommen zu zahlen ist, ist es meist besser über mehrere Jahre verteilt kleinere Beträge zu kassieren. Dies ist der Fall bei umsatzabhängiger Beteiligung, wenn am Ende jedes Jahres eine Zahlung für das vergangene Jahr fällig wird.

Eventuell wird die Firma die Umschreibung beim Patentamt fordern. Das heißt die Firma wird als Anmelder eingetragen und hat somit gegenüber dem Patentamt die Möglichkeit Änderungen vorzunehmen bzw. auch Termine verstreichen zu lassen. Daher ist noch folgendes zu beachten:

- ein **Einflussrecht** auf die Gestaltung des Patents ist sehr wichtig. Wer alle Rechte an der Erfindung und der Gestaltung des Patents vergibt, kann sehr leicht ausgetrickst werden. Das Patent könnte derart abgeändert werden, dass es umgangen werden kann und praktisch nicht mehr genutzt wird. Somit entfällt jeder Anspruch auf eine Vergütung.

- eine **Rückübertragung** bei nicht Aufrechterhaltung des Patents ist ebenso wichtig, da die Firma das Patent einfach auslaufen lassen könnte und somit möglicherweise kein Anspruch mehr auf Vergütung besteht.

> Tipp: Achte bei einer umsatzabhängigen Vereinbarung unbedingt darauf, dass du weiterhin ein Einflussrecht und ein Rückübertragungsrecht erhältst. Ansonsten kann dich die Firma leicht austricksen.

2.4.3.1 Vorgehensweise bei umsatzabhängiger Vergütung

Empfehlung:

a) Zu erwartende Vergütung anhand von geschätzten Umsatzdaten ermitteln. (siehe Abschnitt "Vergütungsrichtlinien für Arbeitnehmererfindungen")

b) Vereinbarung abschließen. Dabei sollten folgende Punkte beachtet werden:

   c) Das genaue Berechnungsverfahren für die Vergütung soll beschrieben sein.

   d) Die Parameter, die der Vergütungsberechnung zugrunde gelegt werden, sollen aufgeführt werden. z.B. variable Parameter: Umsatz, Stückzahl... zunächst geschätzt, dann jährlich ermittelt; feste Parameter: **Lizenzsatz**, **Wertanteil** der Erfindung am Produkt (wenn das Patent nur einen Teil des Produktes betrifft) und **Anteilsfaktor** (nur wenn es sich um eine vom Arbeitgeber genutzte Erfindung handelt).

   e) Aufgrund der ersten Vergütungsabschätzung sollen Abschlagszahlungen gezahlt werden. Eine Rückerstattung der Abschlagszahlung an den Arbeitgeber bzw. an den Lizenznehmer, soll ausgeschlossen werden.

   f) Am Ende eines Jahres soll z.B. der Umsatz, welcher der Vergütung zu Grunde liegt, erfasst werden. Daraufhin wird die Vergütung regelmäßig berechnet. Die Auszahlung erfolgt unter Berücksichtigung der Abschlagszahlungen.

2.4.3.2 Problematik bei vom Arbeitgeber genutzten Erfindungen

Die oben genannten Ideal - Bedingungen wirst du nicht immer heraus handeln können, obwohl du zumindest bei vom Arbeitgeber genutzten Erfindungen eigentlich ein Recht darauf hast. Es gibt Arbeitgeber, die es grundsätzlich nicht einsehen, dass größere Summen als Erfindervergütung an Arbeitnehmer zu zahlen sind. Zumal diese Beträge auch dann zu zahlen sind, wenn der Arbeitnehmer schon gar nicht mehr in der Firma ist.

Dies ist wohl mit ein Grund, dass in zahlreichen Patenten Geschäftsführer oder sonstige leitende Angestellte als Erfinder genannt werden. Zum einen können diese Personen leichter beeinflussen, was zum Patent angemeldet, bzw. was entwickelt oder produziert werden soll. Zum anderen, haben sie bereits ein sehr hohes Grundgehalt und daher weniger Rechte bzw. Ansprüche, wenn es um die gerichtliche Durchsetzung hoher Vergütungen geht. Ihnen geht es nicht darum selber eine hohe Vergütung zu kassieren. In der Regel werden sie aus ihrer Verbundenheit der Firma gegenüber auf eine hohe Vergütung verzichten.

Geschäftsführer einer GmbH oder Vorstandsmitglieder einer AG, gelten nicht als Arbeitnehmer. Somit gilt für diese Personengruppe auch nicht das Arbeitnehmererfindungsgesetz. Sie haben keinen Rechtsanspruch auf eine Vergütung nach den "Vergütungsrichtlinien für Arbeitnehmererfindungen".

➔ Nicht etwa Entwicklungsingenieure, sondern Geschäftsführer bzw. leitende Angestellte sind aus Sicht bestimmter Firma die besten Erfinder, weil sie keine großen Ansprüche auf Erfindervergütung stellen können. Dies bestätigt die Praxis vor allem in kleineren und mittelständischen Betrieben.

2.5 Empfohlener Ablauf, Zusammenfassung

Kurz zusammengefasst die empfohlene Vorgehensweise von der Idee, evtl. bis zum Erfolg.

a) Idee, Erfindung

b) Arbeitnehmer: Die Erfindung dem eigenen Arbeitgeber melden

c) Der Arbeitgeber wird die Erfindung entweder unbeschränkt in Anspruch nehmen, dann wird er auch alles weitere in die Wege leiten, oder er wird die Erfindung beschränkt in Anspruch nehmen oder frei geben, dann geht der Ablauf wie folgt weiter:

d) Patentfähigkeit, Neuheit, Brauchbarkeit sorgfältig prüfen

e) Interessierte Firmen finden

f) Prinzipielle Idee beziehungsweise das gelöste Problem bei Firmen vorstellen, **ohne Details zu nennen.** Ist es nicht möglich die Idee vorzustellen, ohne die wesentlichen Details zu nennen, so müssen die Schritte f) und g) entfallen.

g) Anhand der Resonanz der Firmen kann evtl. schon erkannt werden, ob es sich um eine brauchbare Idee handelt, die weiterverfolgt werden sollte. Es könnte sich jetzt allerdings auch herausstellen, dass die Sache vielleicht nicht neu, sondern schon längst bekannt ist.

h) Wenn Firmen Interesse zeigen: Patentanmeldung nach bestem Wissen vorbereiten. Evtl. Anmeldeunterlagen von einem Experten prüfen lassen.

i) Patent beim Deutschen Patentamt anmelden, Gebühr DM 100,- bezahlen.

j) Firmen besuchen, Vorstellung der Idee vor Ort anhand von leicht verständlichen Beschreibungen, Zeichnungen, Mustern, ... Insbesondere die wesentlichen Vorteile realistisch darlegen.

k) Vereinbarung über die Nutzung des Patents abschließen. Bei Unsicherheiten und insbesondere bei umsatzabhängigen Vereinbarungen den Vertrag von einem neutralen Anwalt, Patentanwalt, evtl. auch von einem Steuerberater prüfen lassen.

2.6 Und wenn's doch nicht so einfach klappt ?

Sollte dieser Ablauf nicht erfolgreich verlaufen, wird es schwierig. Wenn du ohne Zusammenarbeit mit einer Firma die Patentanmeldung weiter verfolgst, musst du folgendes bedenken:

a) Im weiteren Patentverfahren fallen relativ hohe Gebühren an. Vor allem dann, wenn die Idee auch in anderen Ländern geschützt werden soll.

b) Um wirklich keine Fehler zu machen, sollte für den weiteren Verlauf des Patenterteilungsverfahren ein Patentanwalt hinzugezogen werden. Auch der kostet eine ziemliche Stange Geld. (Größenordnung: ca. DM 3.000,-)

c) Sollte eine Firma widerrechtlich deine Erfindung nutzen, so musst du dies erst mal erkennen, was in vielen Fällen gar nicht so einfach ist. Anschließend musst du gegen die Firma klagen. Auch dies kann extrem teuer werden.

> Tipp: Sollte der 100,- DM - Ablauf nicht klappen, ist es oft besser die ganze Sache zu vergessen. Ansonsten musst du tief in die Tasche greifen, um alle weiteren Schritte korrekt und sicher zu machen.

Natürlich besteht die Möglichkeit, dass Firmen darauf spekulieren, dass du das Patentverfahren nicht weiter verfolgst. Dann kann jeder deine Idee produzieren, ohne dass du auch nur einen Pfennig erhältst. Ob diese Möglichkeit besteht, kannst du oft nur anhand der Reaktionen von Firmen einschätzen.

Dies ist mit ein Grund, warum du bei einer Firmenvorstellung zunächst keine Details nennen solltest. Wenn sich eine Firma bei dir meldet und nach weiteren Informationen fragt, bedeutet dies, dass prinzipiell Interesse besteht. Das bedeutet auch, wenn du das Patent - Verfahren abbrichst, könnte diese Firma zuschlagen und Lizenzgebühren sparen. Das ganze wird zum spannenden Poker - Spiel.

Entscheidungsgrundlagen für die Weiterverfolgung des Patent - Verfahrens:

➢ Wie haben die Firmen bisher reagiert? Gab es überhaupt Resonanz? Wie viele Firmen haben Interesse gezeigt ? Gab es verständliche Begründungen, warum die Idee abgelehnt wurde ?

➢ Kannst du dir das weitere Patent - Verfahren mit allen oben genannten Nebenkosten leisten ?

➢ Kannst du überhaupt erkennen und dagegen vorgehen, wenn jemand deine Idee produziert ?

2.7 Kleines Beispiel aus der Praxis

- Ein kleiner Mann hat eine pfiffige Idee. Er meldet diese ordentlich seinem Arbeitgeber.

- Die Firma macht Versuche, meldet ein Patent an und beschafft Produktionsanlagen für eine Massenproduktion.

- Mit dem Erfinder wird eine Vereinbarung über eine kleine Pauschalvergütung abgeschlossen. Bezüglich der Patentanmeldung wurde der Erfinder dazu gedrängt, einen Antrag auf Nichtnennung des Erfinders zu unterschreiben - was er jedoch verweigerte.

- Die Produktion läuft an. Zunächst werden kleinere Stückzahlen verkauft, dann immer mehr.

- Der Erfinder bekommt plötzlich und unerwartet Probleme mit seinen Chefs, es fallen böse Worte, der Erfinder wechselt daraufhin aus eigenem Entschluss die Firma.

- Aufgrund der Umstände des Firmenwechsels, vor allem jedoch aufgrund der immer noch nicht ausgezahlten Pauschalvergütung, macht der Erfinder jetzt Anspruch auf eine angemessene Erfindervergütung geltend. Es geht um sehr sehr viel Geld. Der Erfinder widerruft die Pauschalvereinbarung und fordert eine angemessene Vergütung.

- Dies passt dem Geschäftsführer natürlich überhaupt nicht und er lässt schriftlich durch seinen Anwalt verkünden, er selbst hätte die Sache erfunden, somit habe der Arbeitnehmer keinen Anspruch auf irgendeine Vergütung.

- Nur weil der Arbeitnehmer seine Erfindung ordentlich, schriftlich gemeldet hat, eine schriftliche Vereinbarung über eine Pauschalvergütung mit der Firma geschlossen hat und als Erfinder in der Patentschrift genannt wurde, kann er diese Aussage eines Geschäftsführers widerlegen !

- Daraufhin wechselt der Geschäftsführer den Anwalt und vertritt nun den Standpunkt, die Erfindung würde gar nicht funktionieren und auch nicht produziert werden.

- Merkwürdigerweise gibt es die Produkte jedoch schon in zahlreichen Geschäften zu kaufen.

- Schließlich zeigt sich der Geschäftsführer zu Verhandlungen bereit und es wird lange über eine gütliche Einigung gesprochen. Nachdem diese jedoch nicht zustande kommt, kann der Erfinder seinen ehemaligen Arbeitgeber nur noch verklagen.

- Der Geschäftsführer macht wiederum einen interessanten Schachzug, indem er die Produkte so umbauen lässt, dass das Patent umgangen wird. Somit senkte er den Streitwert vor Gericht erheblich.

- Da dieser "Umbau" nicht besonders gründlich durchgeführt wird, werden nun Produkte gebaut, die in bestimmten Fällen immer noch dem Patent entsprechen.

- Erst vor Gericht kam es zur gütlichen Einigung, nachdem der Richter aufgrund der eindeutig nachweisbaren Umstände einen angemessenen Vergütungs-Betrag vorgeschlagen hatte.

Dauer von der Erfindungsmeldung bis zur Auszahlung der Vergütung: 5 Jahre und 8 Monate. Vom Erfinder eingesetztes Kapital: ca. DM 15.000,-. Dieses Geld wäre verloren gewesen, wenn der Erfinder nicht von vorne herein über seine Rechte und Pflichten bescheid gewusst hätte und wenn nicht alle Aussagen anhand von Dokumenten und Musterteilen belegbar gewesen wären.

Ein interessanter Fall, wie ich meine. Du siehst: mit allerhand Tricks ist immer zu rechnen.

> Tipp: Sei sehr vorsichtig, niemals zu gutgläubig, verrate nie zu viel, versuche dich grundsätzlich schriftlich abzusichern.

Trotzdem solltest du das ganze nicht zu verbissen sehen.

Je nachdem mit wem du es zu tun hast kann es passieren, dass du gegen das mächtige Prinzip "Ober sticht Unter" kämpfen musst. In anderen Fällen heisst es dagegen "gute Zusammenarbeit" und davon profitieren dann beide.

Einfach positiv und sportlich denken. Wenn du am Ball bleibst hast du gute Chancen Erfahrungen zu sammeln und auch gute Erfolge zu erreichen.

Wie du siehst, ist die ganze Sache ziemlich interessant und bis zum Schluss spannend.

3 DEUTSCHES PATENT- UND ERFINDERRECHT

Hinter dem Patent- und Erfinderrecht stehen zahlreiche Gesetze und Verordnungen. Im folgenden werden kurz ein paar wichtige Punkte beschrieben. Wie bereits erwähnt, ist es schon wichtig die wesentlichen Spielregeln zu kennen. Die Gesetzte und die einzuhaltenden formellen Richtlinien helfen dir als Erfinder, zu deinem Recht zu kommen.

3.1 Die Patentanmeldung

Das Patentgesetz sowie die Patentanmeldeverordnung bestimmen den Ablauf und die formellen Vorschriften zur Patentanmeldung.

3.1.1 Ist die Erfindung patentfähig?

Patentgesetz §1:

(1) Patente werden für Erfindungen erteilt, die neu sind, auf einer erfinderischen Tätigkeit beruhen und gewerblich anwendbar sind.

...

Die Erfindung muss also „**neu**" sein. Sie darf nicht schon irgendwo - für die Öffentlichkeit zugänglich - beschrieben sein oder angewendet werden. Sie darf nicht zum „Stand der Technik" gehören.

Eine „**erfinderische Tätigkeit**" liegt vor, wenn sich die Sache für den Fachmann nicht in naheliegender Weise aus dem Stand der Technik ergibt.

„**Gewerblich anwendbar**" bedeutet einfach ausgedrückt, dass die Erfindung hergestellt, verkauft bzw. benutzt werden kann.

Es soll sich also um etwas besonderes handeln. Etwas das nicht als selbstverständlich angesehen wird. Etwas das neue, besondere Vorteile bringt und sich somit von bekannten Lösungen abhebt.

3.1.2 Patentkategorien

Folgende Patentkategorien werden unterschieden:

- Verfahrenspatente, z.B. Herstellungsverfahren, Arbeitsverfahren, Anwendungsverfahren

- Sachpatente,

  hierzu gehören

  - Erzeugnispatente, z.B. Stoffe, Legierungen

  - Vorrichtungspatente (Apparate, Geräte)

  - Patente für elektrische Schaltungen

3.1.3 Erforderliche Unterlagen

Für die Patentanmeldung sind folgende Unterlagen erforderlich:

- Erteilungsantrag

- Patentansprüche

- Beschreibung

- Zeichnungen

- Zusammenfassung

- Erfinderbenennung

Näheres zur Erstellung dieser Unterlagen im "**Merkblatt für Patentanmelder**" vom Patentamt. Der Erteilungsantrag sowie das Formular für die Erfinderbenennung, ist beim deutschen Patent- und Markenamt erhältlich. Die Formulare werden kostenlos per Post zugestellt. Sie können aber auch direkt per Internet geladen werden. Post-Adresse, Internet-Adresse und Telefonnummer: siehe Anhang.

3.1.4 Tipps zur Patentanmeldung

Wenn die Erfindung wesentliche Vorteile bringt, werden Firmen versuchen das Patent zu umgehen und trotzdem die Vorteile zu erreichen. Dies soll durch eine entsprechend geschickt abgefasste Patentanmeldung verhindert werden.

Patentanspruch Nr. 1 ist der Hauptanspruch. Er definiert die eigentliche Erfindung.

Die weiteren Patentansprüche sind Unteransprüche, die nicht unbedingt erfinderisch sein müssen. Die Unteransprüche geben Ausführungsbeispiele bzw. Varianten wieder. Sie beziehen sich direkt oder indirekt auf den Hauptanspruch. Damit sollen Umgehungsmöglichkeiten weitgehend ausgeschlossen werden.

> Tipp: Das Patent (Patentanspruch Nr. 1) wirklich nur auf das minimal erforderliche Grundprinzip auslegen. So dass es sich um eine nicht zu umgehende Grundlage handelt und trotzdem ein erfinderischer Gedanke erkennbar wird.

Beschränke dich in der Patentbeschreibung wirklich auf das Wesentliche. Nenne bzw. Verrate keine Details, die nicht unbedingt nötig sind. Also nichts, was nicht mit Patentschutz und Umgehungsmöglichkeiten zu tun hat. Gib keine Details zu Fertigungsprozessen oder sonstige Besonderheiten Preis, die nicht direkt mit dem eigentlichen Patent in Verbindung stehen.

> Tipp: Im Patent wirklich nur das Wesentliche beschreiben. Nicht zu viel technisches know-how verraten.

Da war doch zum Beispiel der Erfinder, der sich sehr darüber ärgerte, dass eine amerikanische Firma sein (selbst verfasstes) Patent produzierte. Er hat die Idee selbst dieser Firma angeboten. Anstatt einer Lizenzvereinbarung anzubieten lehnte die Firma jedoch dankend ab. Durch Zufall hat der Erfinder dann erfahren, dass seine Idee produziert wird, worüber er natürlich sehr verärgert war. Der erste Blick in die Patent-Unterlagen zeigte jedoch, dass das Patent überhaupt nicht angewendet wurde. Im Anspruch 1 war von einer "Platte mit einer runden Öffnung" die Rede. Die Firma verwendete jedoch eine Platte mit einer rechteckigen Öffnung. Zwar wurde die eigentliche Idee des Erfinders ohne Zweifel produziert, aufgrund der unglücklichen Formulierung von Patentanspruch 1 wurde das Patent nicht benutzt. Dumm gelaufen.

> Tipp: Mit dem Patentanspruch 1 steht und fällt die ganze Sache. Ein kleiner Fehler in diesem Satz kann das ganze Patent hinfällig machen. Daher: sehr sorgfältig auf jedes Wort der Formulierung achten. Möglichst Experten hinzuziehen.

3.1.5 Formelle Vorgaben

Papiergröße, Seitenränder, u.s.w. müssen nach speziellen Vorgaben ausgeführt sein. Sie sind in der Patentanmeldeverordnung beschrieben.

Zusätzlich sei noch erwähnt, dass jeder Patentanspruch durch einen Satz beschrieben wird. Das heißt, innerhalb des Patentanspruchs wird durch Komma und Strich-Punkt gegliedert, erst am Ende des Anspruchs kommt ein Punkt.

3.1.6 Erfindernennung

Spätestens 15 Monate nach der Einreichung der Patentanmeldung muss der Anmelder den oder die Erfinder benennen. Der Anmelder muss versichern, dass seines Wissens nach weitere Personen nicht an der Erfindung beteiligt sind.

Der Erfinder hat ein Recht darauf als Erfinder genannt zu werden. Er kann jedoch auch Antrag auf Nichtnennung des Erfinders stellen.

Eine unrichtige Angabe über die Person des Erfinders kann zur Nichtigerklärung des Patents führen.

3.1.7 Gebühren bei Anmeldung eines deutschen Patents

Die Gebühr zur **Anmeldung** eines deutschen Patents beträgt DM 100,-. Wenn es sein muss, kommt man ohne weitere Gebühren bis zur Offenlegungsschrift (erscheint ca. 18 Monate nach Anmeldung).

Weitere Gebühren werden fällig, z.B. für den **Prüfungsantrag**. Dieser kann bis zum Ablauf von 7 Jahren nach der Einreichung der Anmeldeunterlagen gestellt werden. Der Prüfungsantrag muss nicht unbedingt vom Anmelder gestellt werden. Dies kann jeder Dritte tun, der dann auch die entsprechenden Kosten übernimmt.

Bei Beginn des dritten und jedes folgenden Jahres, gerechnet vom Anmeldetag an, ist eine **Jahresgebühr** zu entrichten. Die Jahresgebühren sind gestaffelt. Je länger das Patent läuft, desto höher die jährlich fällige Gebühr.

Im "Merkblatt für Patentanmelder" des deutschen Patentamtes, sind die wichtigsten nationalen Gebühren aufgelistet.

Wie gesagt, läuft es ideal, wenn der kleine Erfinder nur die Anmeldegebühr bezahlt. Bis zum fällig werden weiterer Gebühren sollte eine Firma gefunden werden, welche diese Gebühren übernimmt. Dies ist vor allem am Ende der ersten 12 Monate wichtig, wenn entschieden werden muss, ob das Patent international, mit entsprechend hohen Kosten, angemeldet werden soll.

3.1.8 Prioritätsjahr

Das Prioritätsjahr beginnt mit der Eingangsbestätigung durch das Patentamt. Ab diesem Datum hat der Anmelder 12 Monate Zeit, um auch in anderen Ländern sein Patent anzumelden. Weitere Kosten fallen innerhalb dieser 12 Monate nicht an. Das bedeutet: für DM 100,- Anmeldegebühr hat der Anmelder ein Jahr Zeit zu prüfen, ob jemand Interesse an der Sache hat.

Obwohl es sich lediglich um eine Anmeldung beim deutschen Patentamt handelt, kann in zahlreichen Ländern der Erde angefragt werden. Spätestens am Ende dieser 12 Monate muss der Anmelder sich dann entscheiden:

- Soll das deutsche Patenterteilungsverfahren mit seinen Kosten weiter betrieben werden?
- Soll das Patent auch in anderen Ländern angemeldet werden ?
- Oder ist es besser die ganze Sache zu vergessen ?

3.1.9 Das Patenterteilungsverfahren

Der weitere Ablauf bis zur Patenterteilung ist ebenfalls im "Merkblatt für Patentanmelder" beschrieben.

3.2 Wie wirkt sich ein Patent aus?

Das Patent bewirkt, dass allein der Patentinhaber befugt ist die patentierte Erfindung gewerbemäßig zu benutzen. Außer dem Patentinhaber darf niemand die Erfindung herstellen, anbieten, gebrauchen, in Verkehr bringen.

Dieses Recht kann durch Lizenz auf andere übertragen werden.

Erst nachdem der Patentinhaber oder der Lizenznehmer den geschützten Gegenstand in Verkehr gebracht hat, ist das Patentrecht nicht mehr anwendbar. D.h. erst jetzt darf z.B. ein Käufer die Sache anwenden, vermieten oder weiterverkaufen.

Der Patentschutz dauert maximal 20 Jahre ab Anmeldung beim Patentamt.

3.3 Weitere Informationsschriften vom Patentamt

Vom Deutschen Patent- und Markenamt gibt es weitere interessante und wichtige Informationen. Diese beschreiben z.B. genau wie eine Patentanmeldung ausgearbeitet wird. **Die jeweils aktuellste Version der Informationsschriften kann beim Patentamt kostenlos bestellt oder direkt per Internet**, z.B. als Word-Dokument, geladen werden. Adresse: siehe Anhang.

3.3.1 Von der Idee zum Patent

Hier ist leicht verständlich beschrieben, welche Voraussetzungen für die Patentfähigkeit gegeben sein müssen. Zudem wird der Ablauf von der Anmeldung bis zur Erteilung eines Patents erklärt. Zusammenfassend sind nochmals die wesentlichen Vorteile eines Patents aufgeführt.

3.3.2 Merkblatt für Patentanmelder

Das Merkblatt für Patentanmelder enthält zunächst grundsätzliche Informationen wie z.B. „Was ist patentfähig?".

Vor allem wird hier genau beschrieben, welche Unterlagen zur Patentanmeldung erforderlich sind und was beim Erstellen der Unterlagen zu beachten ist. Für die Formulare des Patentamts werden **Ausfüllhinweise** gegeben.

Ein weiterer Punkt dieser Informationsschrift ist die Nennung der **Gebühren**, die für bestimmte Leistungen an das Patentamt zu entrichten sind.

Sehr hilfreich ist ein **Beispiel** für die Ausführung der „Patentansprüche" und der „Beschreibung". Im Beispiel soll eine Streuscheibe zum Patent angemeldet werden.

3.3.3 Verordnung über die Anmeldung von Patenten

Hier werden unter anderem **formelle Vorgaben** genannt. Regelungen bezüglich der Ausführung von Patentansprüchen, der Beschreibung, der Zeichnungen sowie der Zusammenfassung. Die erwähnten Seitenränder, Zeilenabstände, Blattnumerierungen usw. müssen bei der Erstellung der Anmeldeunterlagen beachtet werden.

3.3.4 Merkblatt für die Erstellung der Zusammenfassung

Speziell für die Erstellung der Zusammenfassung wurde dieses Merkblatt herausgegeben. Hier sind auch hilfreiche Beispiele für Zusammenfassungen aufgeführt.

3.3.5 Verzeichnis der Patentinformationszentren

Bei den Patentinformationszentren können bestimmte Schriften eingesehen werden. Die Adressen sowie die jeweils zur Verfügung gestellten Informationen sind in diesem Verzeichnis aufgeführt.

3.4 Das Arbeitnehmererfindungsgesetz

Wie der Name schon sagt, sind hier Erfinder angesprochen, die in einer Firma angestellt sind.

Angestellte und Arbeitnehmer, die für Ihre Firma eine Erfindung machen, haben es in der Regel leicht. Sie müssen nicht lange nach einem Abnehmer suchen. Der formelle und finanzielle Aufwand wird vom Arbeitgeber getragen.

Das Arbeitnehmererfindungsgesetz gilt jedoch auch, wenn deine Idee nicht direkt deinen Arbeitgeber betrifft.

Insbesondere in kleineren Firmen ist es wichtig, sich als Arbeitnehmer abzusichern. Dazu musst du die wichtigsten Punkte des Arbeitnehmererfindungsgesetzes kennen und befolgen.

3.4.1 Meldung an den Arbeitgeber

Wer als Arbeitnehmer eine Idee hat, die möglicherweise patentiert werden kann, muss laut Arbeitnehmererfindungsgesetz diese Idee dem Arbeitgeber melden. Die Meldung soll erfolgen egal, ob die Erfindung das eigene Arbeitsgebiet bzw. die eigene Firma betrifft (Diensterfindung) oder nicht (freie Erfindung).

Die ordentliche Meldung dem Arbeitgeber gegenüber ist auch deswegen wichtig, weil es später möglicherweise Streit um die Höhe einer Vergütung geben kann. Es kann einem passieren, dass es plötzlich heißt der Geschäftsführer oder der Technische Leiter wäre der Erfinder. Somit erspart sich die Firma die Erfindervergütung und der wahre Erfinder geht leer aus.

> Tipp: Die korrekte Meldung einer Erfindung ist unbedingt wichtig. Mit der Meldung und der Eingangsbestätigung der Firma kann evtl. nachgewiesen werden, wer wirklich die Sache erfunden hat. Die Meldung ist im Streitfall bares Geld wert.

3.4.2 Diensterfindung

Diensterfindungen, werden auch „gebundene Erfindungen" genannt. Unter diesen Begriffen versteht man - vereinfacht ausgedrückt - Erfindungen, die Arbeitnehmer im Zusammenhang mit ihrer Firma gemacht haben. Die Meldepflicht von Diensterfindungen ist in §5 Arbeitnehmererfindungsgesetz geregelt.

Auszug aus Arbeitnehmererfindungsgesetz:

§5 Meldepflicht.

(1) Der Arbeitnehmer, der eine Diensterfindung gemacht hat, ist verpflichtet, sie unverzüglich dem Arbeitgeber gesondert schriftlich zu melden und hierbei kenntlich zu machen, daß es sich um eine Erfindung handelt. Sind mehrere Arbeitnehmer an dem Zustandekommen der Erfindung beteiligt, so können sie die Meldung gemeinsam abgeben. Der Arbeitgeber hat den Zeitpunkt des Eingangs der Meldung dem Arbeitnehmer unverzüglich schriftlich zu bestätigen.

(2) In der Meldung hat der Arbeitnehmer die technische Aufgabe, ihre Lösung und das Zustandekommen der Diensterfindung zu beschreiben. Vorhandene Aufzeichnungen sollen beigefügt werden, soweit sie zum Verständnis der Erfindung erforderlich sind. Die Meldung soll dem Arbeitnehmer dienstlich erteilte Weisungen oder Richtlinien, die benutzten Erfahrungen oder Arbeiten des Betriebes, die Mitarbeiter sowie Art und Umfang ihrer Mitarbeit angeben und soll hervorheben, was der meldende Arbeitnehmer als seinen eigenen Anteil ansieht.

...

Beispiel, Meldung einer Diensterfindung:

Name, Abteilung   *Ort, Datum*

Erfindungsmeldung

Hiermit melde ich gemäß §5 Arbeitnehmererfindungsgesetz ArbEG, folgende Diensterfindung: *Bezeichnung*

1. Technische Aufgabe, die durch die Erfindung gelöst werden soll

Welche Probleme bestehen derzeit, was wird verbessert.

2. Lösung der Aufgabe

Wie werden die erkannten Probleme behoben. Beschreibung der Erfindung. Vorteile, Skizzen, Berechnungen

...

3. Zustandekommen der Erfindung

Wie wurde das Problem erkannt bzw. wie kam es zu der Erfindung ? Gab es einen Auftrag eines Vorgesetzten zur Lösung des Problems ? Gibt es Erkenntnisse aus der Firma, die zur Erfindung beigetragen haben ? Welche Personen (Name, Abteilung) waren an der Erfindung beteiligt und wie haben diese Personen mitgewirkt ?

4. Erklärung

An der Erfindung waren ausschließlich die oben genannten Personen beteiligt. Die Erfindung wurde nach meinem/unserem Wissen noch nicht veröffentlicht. Nach meinem/unserem Wissen wird die Erfindung noch nirgends produziert bzw. benutzt.

Unterschrift(en):

Eingangsbestätigung: Datum, Unterschrift:_____

(vom Arbeitgeber bei der Abgabe der Meldung auszufüllen)

Spätestens nach Ablauf von vier Monaten nach Eingang der Erfindungsmeldung muss der Arbeitgeber schriftlich erklären, ob er die Erfindung beschränkt oder unbeschränkt in Anspruch nimmt.

Unbeschränkte Inanspruchnahme bedeutet, dass alle Rechte an der Erfindung an den Arbeitgeber übergehen, selbstverständlich gegen angemessene Vergütung. Der Erfinder behält trotzdem sein Recht als Erfinder genannt zu werden. Wenn die Firma die Erfindung nicht als Betriebsgeheimnis einstuft, ist sie verpflichtet zumindest im Inland eine Patentanmeldung einzureichen. Der Erfinder muss eine Kopie der Anmeldeunterlagen erhalten und er muss über den weiteren Werdegang informiert werden. Für die Länder, in denen der Arbeitgeber kein Patent anmelden will, muss er die Erfindung dem Arbeitnehmer frei geben.

Beschränkte Inanspruchnahme bedeutet, dass die Erfindung frei ist, der Arbeitnehmer darf sie also anderen Firmen anbieten. Der Arbeitgeber darf sie jedoch ebenfalls benutzen. Der Arbeitgeber darf ohne die Zustimmung des Arbeitnehmers keine Lizenzen vergeben.

Der Arbeitgeber kann die Erfindung auch **frei** geben. Dies passiert automatisch, wenn er nicht innerhalb der vier Monate etwas anderes behauptet bzw. wenn er nicht rechtzeitig antwortet. Mit der Freigabe kann der Arbeitnehmer bei anderen Firmen anfragen.

Wenn du dich an fremde Firmen wendest ist wichtig, dass du deinen Arbeitsvertrag nicht vergisst. Dort steht in der Regel geschrieben, dass du keine vertraulichen, firmeninternen Informationen weitergeben darfst. Dies solltest du selbstverständlich einhalten.

3.4.3 Freie Erfindung

Freie Erfindungen sind nicht im Zusammenhang mit der Firma entstanden. Trotzdem muss meist auch eine freie Erfindung dem Arbeitgeber gemeldet und angeboten werden.

Auszug aus dem Arbeitnehmererfindungsgesetz:

---

2. Freie Erfindungen

§18 Mitteilungspflicht

Der Arbeitnehmer, der während der Dauer des Arbeitsverhältnisses eine freie Erfindung gemacht hat, hat dies dem Arbeitgeber unverzüglich schriftlich mitzuteilen. Dabei muss über die Erfindung und, wenn dies erforderlich ist, auch über ihre Entstehung soviel mitgeteilt werden, daß der Arbeitgeber beurteilen kann, ob die Erfindung frei ist.

Bestreitet der Arbeitgeber nicht innerhalb von drei Monaten nach Zugang der Mitteilung durch schriftliche Erklärung an den Arbeitnehmer, daß die ihm mitgeteilte Erfindung frei sei, so kann er die Erfindung nicht mehr als Diensterfindung in Anspruch nehmen.

Eine Verpflichtung zur Mitteilung freier Erfindungen besteht nicht, wenn die Erfindung offensichtlich im Arbeitsbereich des Betriebes des Arbeitgebers nicht verwendbar ist.

---

§19 Anbietungspflicht

Bevor der Arbeitnehmer eine freie Erfindung während der Dauer des Arbeitsverhältnisses anderweitig verwendet, hat er zunächst dem Arbeitgeber mindestens ein nichtausschließliches Recht zur Benutzung der Erfindung zu angemessenen Bedingungen anzubieten, wenn die Erfindung im Zeitpunkt des Angebots in den vorhandenen oder vorbereiteten Arbeitsbereich des Betriebes des Arbeitgebers fällt. Das Angebot kann gleichzeitig mit der Mitteilung nach §18 abgegeben werden.

Nimmt der Arbeitgeber das Angebot innerhalb von drei Monaten nicht an, so erlischt das Vorrecht.

Erklärt sich der Arbeitgeber innerhalb der Frist des Absatzes 2 zum Erwerb des ihm angebotenen Rechts bereit, macht er jedoch geltend, daß die Bedingungen des Angebots nicht angemessen seien, so setzt das Gericht auf Antrag des Arbeitgebers oder des Arbeitnehmers die Bedingungen fest.

Der Arbeitgeber oder der Arbeitnehmer kann eine andere Festsetzung der Bedingungen beantragen, wenn sich Umstände wesentlich ändern, die für die vereinbarten oder festgesetzten Bedingungen maßgebend waren.

Beispiel, Meldung einer freien Erfindung:

Name, Abteilung, evtl. Privatadresse   *Ort, Datum*

Erfindungsmeldung

Hiermit melde ich gemäß §18 Arbeitnehmererfindungsgesetz ArbEG, folgende freie Erfindung: *Bezeichnung*

1. Technische Aufgabe, die durch die Erfindung gelöst werden soll

Welche Probleme bestehen derzeit.

2. Lösung der Aufgabe

Wie werden die erkannten Probleme behoben. Beschreibung der Erfindung. Vorteile, Skizzen, Berechnungen ...

3. Zustandekommen der Erfindung

Wie wurde das Problem erkannt bzw. wie kam es zu der Erfindung ? Gab es einen Auftrag zu Lösung des Problems ? Gibt es Erkenntnisse aus der Firma, die zur Erfindung beigetragen haben ? Welche Personen (Name, Abteilung) waren an der Erfindung beteiligt und wie haben diese Personen mitgewirkt ?

4. Erklärung

An der Erfindung waren ausschließlich die oben genannten Personen beteiligt. Die Erfindung wurde nach meinem/unserem Wissen noch nicht veröffentlicht. Nach meinem/unserem Wissen wird die Erfindung noch nirgends produziert bzw. benutzt.

5. Angebot

Hiermit biete ich gemäß §19 ArbEG dem Arbeitgeber ein nichtausschließliches Recht zur Benutzung der Erfindung, zu angemessenen Bedingungen, an. Dieses Angebot gilt nur innerhalb der nächsten drei Monate.

Unterschrift(en):

Eingangsbestätigung: Datum, Unterschrift:_____

(vom Arbeitgeber bei der Abgabe der Meldung auszufüllen)

3.4.4 Vergütung

Wenn der Arbeitgeber Interesse an der Erfindung hat, wird es in der Regel eine Vereinbarung zwischen Arbeitnehmer und Arbeitgeber geben, welche die Vergütung regelt.

Kommt eine Vereinbarung über eine Vergütung spätestens drei Monate nach der Patenterteilung nicht zustande, so muss der Arbeitgeber eine Vergütung durch eine begründete, schriftliche Erklärung an den Arbeitnehmer festlegen und auch zahlen.

Der Arbeitnehmer hat dann wiederum zwei Monate Zeit, um dieser Festsetzung zu widersprechen. Ansonsten wird die Festsetzung verbindlich.

Solltest du dich mit deinem Arbeitgeber einigen, später jedoch feststellen, dass du eigentlich viel zu wenig bekommst, dann hast du die Möglichkeit der Vereinbarung zu widersprechen.

Hierzu ist aus dem Arbeitnehmererfindungsgesetz der §23 interessant.

---

§23 Unbilligkeit

Vereinbarungen über Diensterfindungen, freie Erfindungen oder technische Verbesserungsvorschläge (§ 20, Abs. 1), die nach diesem Gesetz zulässig sind, sind unwirksam, soweit sie in erheblichem Maße unbillig sind. Das gleiche gilt für die Festsetzung der Vergütung (§ 12 Abs. 4).

Auf die Unbilligkeit einer Vereinbarung oder einer Festsetzung der Vergütung können sich Arbeitgeber und Arbeitnehmer nur berufen, wenn sie die Unbilligkeit spätestens bis zum Ablauf von sechs Monaten nach Beendigung des Arbeitsverhältnisses durch schriftliche Erklärung gegenüber dem anderen Teil geltend machen.

Das bedeutet im Klartext: Der Erfinder kann einer Vereinbarung mit seinem Arbeitgeber widersprechen. Zum Beispiel dann, wenn er eine kleine einmalige Abfindung erhält, obwohl die Firma enorme Umsätze mit der Erfindung macht.

Wenn der Erfinder also nachweisen kann, dass die Vergütung weit weg ist von dem, was ihm laut Vergütungsrichtlinien zusteht, so kann er der unterschriebenen Vereinbarung widersprechen und eine angemessene Vergütung verlangen.

Dies funktioniert in der Regel dann, wenn die korrekte Vergütung mindestens doppelt so hoch wäre, als die gezahlte Vergütung.

3.4.5 Uneinigkeiten zwischen Arbeitnehmer und Arbeitgeber

Wenn keine Einigung mit deinem Arbeitgeber zustande kommt, so kann die Schiedsstelle am Patentamt eingeschaltet werden. Die Schiedsstelle wird versuchen eine gütliche Einigung herbeizuführen. Das Verfahren ist kostenlos. Als Ergebnis liefert die Schiedsstelle einen Vorschlag zur Einigung, jedoch keine verbindliche Entscheidung.

Der Vorschlag der Schiedsstelle gilt als angenommen, wenn nicht einer der beiden Gegner innerhalb eines Monats nach der Zustellung widerspricht.

Arbeitnehmer können erst nach dem Scheitern des Schiedsverfahren Klage einreichen.

Ist der Arbeitnehmer aus dem Betrieb ausgeschieden, kann er sofort Klage vor einem Landgericht erheben, ohne vorher die Schiedsstelle eingeschaltet zu haben.

Die Schiedsstelle wird in der Regel relativ selten aufgerufen. Grund wird wohl sein, dass sich die meisten Arbeitnehmer nicht unbedingt mit ihren Arbeitgebern anlegen wollen. Ein gutes Verhältnis zum Arbeitgeber und ein sicherer Arbeitsplatz ist meist doch mehr Wert, als ein Vorschlag einer Schiedsstelle, der gegebenenfalls noch mit einer teuren Klage durchgesetzt werden muss.

3.5 Vergütungsrichtlinien für Arbeitnehmererfindungen

3.5.1 Allgemeines

Zur Ermittlung einer angemessenen Vergütung gibt es die "Vergütungsrichtlinien für Arbeitnehmererfindungen". Wie der Name schon sagt, handelt es sich um eine Richtlinie, also nicht um eine verbindliche Vorschrift. Im Streitfall mit dem Arbeitgeber jedoch wird diese Richtlinie zugrunde gelegt.

Die hier dargestellte Beschreibung ist zum besseren Verständnis sehr einfach gehalten. Je nachdem um was für eine Erfindung es sich handelt, können weitere Faktoren die Berechnung der Vergütung beeinflussen.

3.5.2 Berechnung der Erfindervergütung

3.5.2.1 Der Erfindungswert E

Für die Berechnung der Vergütung wird zunächst ein Erfindungswert E ermittelt.

Für die Ermittlung gibt es drei Möglichkeiten

a) Lizenzanalogie

Bei dieser, bevorzugt verwendeten, Bestimmung des Erfindungswerts wird zugrunde gelegt, was ein freier Erfinder bekommen würde. Der erzielte Umsatz wird mit einem Lizenzsatz multipliziert.

$$\text{Erfindungswert} = \text{Umsatz} * \text{Lizenzsatz}(\%)$$

Die Festlegung des Lizenzsatzes ist schon wieder ein Streitpunkt. Er liegt in der Regel zwischen 0,5% und 10%, je nachdem um welche Branche es sich handelt.

Der zu verwendende "Umsatz" ist im einfachsten Fall die verkaufte Stückzahl * Stückpreis. Jedoch kann der Umsatz nicht immer auf das ganze Produkt bezogen werden. In bestimmten Fällen muss berücksichtigt werden, welchen "**Wertanteil**" das Patent am gesamten Produkt darstellt. Auf diesen Wertanteil musst du dich mit dem Arbeitgeber oder Lizenznehmer einigen.

b) Erfassbarer betrieblicher Nutzen

Der erfassbare betriebliche Nutzen ist z.B. eine Einsparung, die durch die Erfindung erreicht wird.

c) Schätzung

Der Erfindungswert kann auch geschätzt werden.

Der Vollständigkeit halber wird hier noch erwähnt, dass bei der Anwendung der Lizenzanalogie der Lizenzsatz gestaffelt sein kann. Bei einer vorläufigen Abschätzung kann diese Seite einfach übersprungen werden:

Bei hohen Umsätzen (über DM 3Mio), kann sich der Lizenzsatz nach einer bestimmten Staffelung reduzieren:

- bis zu 3Mio Umsatz wird der volle Lizenzsatz verwendet.
- Für den Betrag zwischen (3 ... 5) Mio:
  ➜ Ermäßigung des Lizenzsatzes um 10%
- Für den Betrag zwischen (5 ... 10) Mio:
  ➜ Ermäßigung des Lizenzsatzes um 20%
- Für den Betrag zwischen (10 ... 20) Mio:
  ➜ Ermäßigung des Lizenzsatzes um 30%
- Für den Betrag zwischen (20 .. 30) Mio:
  ➜ Ermäßigung des Lizenzsatzes um 40%
- Für den Betrag zwischen (30 ... 40) Mio:
  ➜ Ermäßigung des Lizenzsatzes um 50%
- Für den Betrag zwischen (40 ... 50) Mio:
  ➜ Ermäßigung des Lizenzsatzes um 60%
- Für den Betrag zwischen (50 ... 60) Mio:
  ➜ Ermäßigung des Lizenzsatzes um 65%
- Für den Betrag zwischen (60 ... 80) Mio:
  ➜ Ermäßigung des Lizenzsatzes um 70%
- Für den Betrag über 100 Mio:
  ➜ Ermäßigung des Lizenzsatzes um 80%

Beispiel: Es wird ein Umsatz von 10 Mio DM erzielt. Der Lizenzsatz beträgt 3%. Wie groß ist der Erfindungswert?

E =	3 Mio * 3%	voller Lizenzsatz bis zu 3 Mio
	+ 2 Mio * 2,7%	Lizenzsatz um 10 Prozent ermäßigt, für Betrag zw. 3 und 5 Mio
	+ 5 Mio * 2,4%	Lizenzsatz um 20 Prozent ermäßigt, für Betrag zw. 5 und 10 Mio

E = DM 264.000,-

3.5.2.2 Der Anteilsfaktor A

Wie gesagt, bezieht sich der Erfindungswert auf einen Betrag, den ein freier Erfinder erhalten würde. Wenn es sich jedoch um eine Diensterfindung für den eigenen Arbeitgeber handelt, wird der Erfindungswert mit einem bestimmten Anteilsfaktor verrechnet, also reduziert.

$$\text{Vergütung V} = \text{Erfindungswert E} * \text{Anteilsfaktor A}$$

Der Anteilsfaktor beschreibt den Anteil des Arbeitnehmers am Erfindungswert in Prozent.

Er ist z.B. geringer, je höher deine Stellung im Betrieb ist, je besser deine Ausbildung ist, je mehr dich der Betrieb bei der Lösungsfindung unterstützt hat u.s.w. Diese Randbedingungen werden durch drei Parameter a, b und c berücksichtigt. Für jeden Parameter gibt es Punkte.

a) Stellung der Aufgabe, maximal 6 Punkte

b) Lösung der Aufgabe, maximal 6 Punkte

c) Aufgaben und Stellung des Arbeitnehmers im Betrieb, maximal 8 Punkte

Aufgrund der Summe der Punkte (a + b + c) wird mit einer Tabelle der Anteilsfaktor bestimmt.

Folgender Auszug aus den Vergütungsrichtlinien für Arbeitnehmererfindungen beschreibt, wie die Punkte zu vergeben sind:

---

a) Stellung der Aufgabe

(31) Der Anteil des Arbeitnehmers am Zustandekommen der Diensterfindung ist um so größer, je größer seine Initiative bei der Aufgabenstellung und je größer seine Beteiligung bei der Erkenntnis der betrieblichen Mängel und Bedürfnisse ist. Diese Gesichtspunkte können in folgenden 6 Gruppen berücksichtigt werden:

Der Arbeitnehmer ist zu der Erfindung veranlaßt worden:

1. weil der Betrieb ihm eine Aufgabe unter unmittelbarer Angabe des beschrittenen Lösungsweges gestellt hat (1);

2. weil der Betrieb ihm eine Aufgabe ohne unmittelbare Angabe des beschrittenen Lösungsweges gestellt hat (2);

3. ohne daß der Betrieb ihm eine Aufgabe gestellt hat, jedoch durch die infolge der Betriebszugehörigkeit erlangte Kenntnis von Mängeln und Bedürfnissen, wenn der Erfinder diese Mängel und Bedürfnisse nicht selbst festgestellt hat (3);

4. ohne daß der Betrieb ihm eine Aufgabe gestellt hat, jedoch durch die infolge der Betriebszugehörigkeit erlangte Kenntnis von Mängeln und Bedürfnissen, wenn der Erfinder diese Mängel und Bedürfnisse selbst festgestellt hat (4);

5. weil er sich innerhalb seines Aufgabenbereichs eine Aufgabe gestellt hat (5);

6. weil er sich außerhalb seines Aufgabenbereichs eine Aufgabe gestellt hat (6).

Bei Gruppe 1 macht es keinen Unterschied, ob der Betrieb den Erfinder schon bei der Aufgabenstellung oder erst später auf den beschrittenen Lösungsweg unmittelbar hingewiesen hat, es sei denn, daß der Erfinder von sich aus den Lösungsweg bereits beschritten hatte. Ist bei einer Erfindung, die in Gruppe 3 oder 4 einzuordnen ist, der Erfinder vom Betrieb später auf den beschrittenen Lösungsweg hingewiesen worden, so kann es angemessen sein, die Erfindung niedriger einzuordnen, es sei denn, daß der Erfinder von sich aus den Lösungsweg bereits beschritten hatte. Liegt in Gruppe 3 oder 4 die Aufgabe außerhalb des Aufgabenbereichs des Erfinders, so wird es angemessen sein, die Erfindung höher einzuordnen.

Ferner ist zu berücksichtigen, daß auch in der Aufgabenstellung allein schon eine unmittelbare Angabe des beschrittenen Lösungsweges liegen kann, wenn die Aufgabe sehr eng gestellt ist. Andererseits sind ganz allgemeine Anweisungen (z.B. auf Erfindungen bedacht zu sein) noch nicht als Stellung der Aufgabe im Sinne dieser Tabelle anzusehen.

b) Lösung der Aufgabe

(32) Bei der Ermittlung der Wertzahlen für die Lösung der Aufgabe sind folgende Gesichtspunkte zu beachten:

1. Die Lösung wird mit Hilfe der dem Erfinder beruflich geläufigen Überlegungen gefunden;

2. sie wird auf Grund betrieblicher Arbeiten oder Kenntnisse gefunden;

3. der Betrieb unterstützt den Erfinder mit technischen Hilfsmitteln.

Liegen bei einer Erfindung alle diese Merkmale vor, so erhält die Erfindung für die Lösung der Aufgabe die Wertzahl 1; liegt keines dieser Merkmale vor, so erhält sie die Wertzahl 6.

Sind bei einer Erfindung die angeführten drei Merkmale teilweise verwirklicht, so kommt ihr für die Lösung der Aufgabe eine zwischen l und 6 liegende Wertzahl zu. Bei der Ermittlung der Wertzahl für die Lösung der Aufgabe sind die Verhältnisse des Einzelfalles auch im Hinblick auf die Bedeutung der angeführten drei Merkmale (z. B. das Ausmaß der Unterstützung mit technischen Hilfsmitteln) zu berücksichtigen.

Beruflich geläufige Überlegungen im Sinne dieser Nummer sind solche, die aus Kenntnissen und Erfahrungen des Arbeitnehmers stammen, die er zur Erfüllung der ihm übertragenen Tätigkeiten haben muss.

Betriebliche Arbeiten oder Kenntnisse im Sinne dieser Nummer sind innerbetriebliche Erkenntnisse, Arbeiten, Anregungen, Erfahrungen, Hinweise usw., die den Erfinder zur Lösung hingeführt oder sie ihm wesentlich erleichtert haben.

Technische Hilfsmittel im Sinne dieser Nummer sind Energien, Rohstoffe und Geräte des Betriebes, deren Bereitstellung wesentlich zum Zustandekommen der Diensterfindung beigetragen hat. Wie technische Hilfsmittel ist auch die Bereitstellung von Arbeitskräften zu werten. Die Arbeitskraft des Erfinders selbst sowie die allgemeinen, ohnehin entstandenen Aufwendungen für Forschung, Laboreinrichtungen und Apparaturen sind nicht als technische Hilfsmittel in diesem Sinne anzusehen.

c) Aufgaben und Stellung des Arbeitnehmers im Betrieb

(33) Der Anteil des Arbeitnehmers verringert sich um so mehr, je größer der ihm durch seine Stellung ermöglichte Einblick in die Erzeugung und Entwicklung des Betriebes ist und je mehr von ihm angesichts seiner Stellung und des ihm z. Z. der Erfindungsmeldung gezahlten Arbeitsentgelts erwartet werden kann, daß er an der technischen Entwicklung des Betriebes mitarbeitet. Stellung im Betrieb bedeutet nicht die nominelle, sondern die tatsächliche Stellung des Arbeitnehmers, die ihm unter Berücksichtigung der ihm obliegenden Aufgaben und der ihm ermöglichten Einblicke in das Betriebsgeschehen zukommt.

(34) Man kann folgende Gruppen von Arbeitnehmern unterscheiden, wobei die Wertzahl um so höher ist, je geringer die Leistungserwartung ist:

8. Gruppe: Hierzu gehören Arbeitnehmer, die im wesentlichen ohne Vorbildung für die im Betrieb ausgeübte Tätigkeit sind (z. B. ungelernte Arbeiter, Hilfsarbeiter, Angelernte, Lehrlinge) (8).

7. Gruppe: Zu dieser Gruppe sind die Arbeitnehmer zu rechnen, die eine handwerklich-technische Ausbildung erhalten haben (z.B. Facharbeiter, Laboranten, Monteure, einfache Zeichner), auch wenn sie schon mit kleineren Aufsichtspflichten betraut sind (z.B. Vorarbeiter, Untermeister, Schichtmeister, Kolonnenführer). Von diesen Personen wird im allgemeinen erwartet, daß sie die ihnen übertragenen Aufgaben mit einem gewissen technischen Verständnis ausführen. Andererseits ist zu berücksichtigen, daß von dieser Berufsgruppe in der Regel die Lösung konstruktiver oder verfahrensmäßiger technischer Aufgaben nicht erwartet wird (7).

6. Gruppe: Hierher gehören die Personen, die als untere betriebliche Führungskräfte eingesetzt werden (z.B. Meister, Obermeister, Werkmeister) oder eine etwas gründlichere technische Ausbildung erhalten haben (z.B. Chemotechniker,

Techniker). Von diesen Arbeitnehmern wird in der Regel schon erwartet, daß sie Vorschläge zur Rationalisierung innerhalb der ihnen obliegenden Tätigkeit machen und auf einfache technische Neuerungen bedacht sind (6).

5. Gruppe: Zu dieser Gruppe sind die Arbeitnehmer zu rechnen, die eine gehobene technische Ausbildung erhalten haben, sei es auf Universitäten oder technischen Hochschulen, sei es auf höheren technischen Lehranstalten oder in Ingenieur- oder entsprechenden Fachschulen, wenn sie in der Fertigung tätig sind. Von diesen Arbeitnehmern wird ein reges technisches Interesse sowie die Fähigkeit erwartet, gewisse konstruktive oder verfahrensmäßige Aufgaben zu lösen (5).

4. Gruppe: Hierher gehören die in der Fertigung leitend Tätigen (Gruppenleiter, d.h. Ingenieure und Chemiker, denen andere Ingenieure oder Chemiker unterstellt sind) und die in der Entwicklung tätigen Ingenieure und Chemiker (4).

3. Gruppe: Zu dieser Gruppe sind in der Fertigung der Leiter einer ganzen Fertigungsgruppe (z.B. technischer Abteilungsleiter und Werksleiter) zu zählen, in der Entwicklung die Gruppenleiter von Konstruktionsbüros und Entwicklungslaboratorien und in der Forschung die Ingenieure und Chemiker (3).

2. Gruppe: Hier sind die Leiter der Entwicklungsabteilungen einzuordnen sowie die Gruppenleiter in der Forschung (2).

1. Gruppe: Zur Spitzengruppe gehören die Leiter der gesamten Forschungsabteilung eines Unternehmens und die technischen Leiter größerer Betriebe (1).

Die vorstehende Tabelle kann nur Anhaltspunkte geben. Die Einstufung in die einzelnen Gruppen muss jeweils im Einzelfall nach Maßgabe der tatsächlichen Verhältnisse unter Berücksichtigung der Ausführungen in Nummer 33, 35 und 36 vorgenommen werden. In kleineren Betrieben sind z.B. vielfach die Leiter von Forschungsabteilungen nicht in Gruppe 1, sondern - je nach den Umständen des Einzelfalles - in die Gruppen 2, 3 oder 4 einzuordnen. Auch die Abstufung nach der Tätigkeit in Fertigung, Entwicklung oder Forschung ist nicht stets berechtigt, weil z.B. in manchen Betrieben die in der Entwicklung tätigen Arbeitnehmer Erfindungen näher stehen als die in der Forschung tätigen Arbeitnehmer.

(35) Wenn die Gehaltshöhe gegenüber dem Aufgabengebiet Unterschiede zeigt, kann es berechtigt sein, den Erfinder in eine höhere oder tiefere Gruppe einzustufen, weil Gehaltshöhe und Leistungserwartung miteinander in Verbindung stehen. Dies ist besonders zu berücksichtigen im Verhältnis zwischen jüngeren und älteren Arbeitnehmern der gleichen Gruppe. In der Regel wächst das Gehalt eines Arbeitnehmers mit seinem Alter, wobei weitgehend der Gesichtspunkt maßgebend ist, daß die zunehmende Erfahrung auf Grund langjähriger Tätigkeit eine höhere Leistung erwarten läßt. Hiernach kann also ein höher bezahlter älterer Angestellter einer bestimmten Gruppe eher in die nächstniedrigere einzustufen sein, während ein jüngerer, geringer bezahlter Angestellter der nächsthöheren Gruppe zuzurechnen ist. Es ist weiter zu berücksichtigen, daß zum Teil gerade bei leitenden Angestellten nicht erwartet wird, daß sie sich mit technischen Einzelfragen befassen. Besonders in größeren Firmen stehen leitende Angestellte zum Teil der technischen Entwicklung ferner als Entwicklungs- oder Betriebsingenieure. In solchen Fällen ist daher gleichfalls eine Berichtigung der Gruppeneinteilung angebracht. Auch die Vorbildung wird in der Regel ein Anhaltspunkt für die Einstufung des Arbeitnehmers sein. Sie ist aber hierauf dann ohne Einfluß, wenn der Arbeitnehmer nicht entsprechend seiner Vorbildung im Betrieb eingesetzt wird. Andererseits ist auch zu berücksichtigen, daß Arbeitnehmer, die sich ohne entsprechende Vorbildung eine größere technische Erfahrung zugeeignet haben und demgemäß im Betrieb eingesetzt und bezahlt werden, in eine entsprechend niedrigere Gruppe (also mit niedrigerer Wertzahl, z. B. von Gruppe 6 in Gruppe 5) eingestuft werden müssen.

(36) Von Arbeitnehmern, die kaufmännisch tätig sind und keine technische Vorbildung haben, werden im allgemeinen keine technischen Leistungen erwartet. Etwas anderes kann mitunter für die sogenannten technischen Kaufleute und die höheren kaufmännischen Angestellten (kaufmännische Abteilungsleiter, Verwaltungs- und kaufmännische Direktoren) gelten. Wie diese Personen einzustufen sind, muss von Fall zu Fall entschieden werden.

Für die Ermittlung des Anteilsfaktors wird nun die Summe der drei Wertzahlen a + b + c gebildet. Aus folgender Tabelle kann dann der Anteilsfaktor A entnommen werden:

a+b+c =	3	4	5	6	7	8	9	10	11	12	13	14	15	16	17	18	19	(20)
A =	2	4	7	10	13	15	18	21	25	32	39	47	55	63	72	81	90	(100)

Beispiel: a=2, b=3, c=4.

Wie groß ist der Anteilsfaktor A ?

a + b + c = 9

➔ Anteilsfaktor A = 18%

3.5.2.3 Berechnung der Vergütung

Die Vergütung wird nach folgender Formel berechnet:

Vergütung V = Erfindungswert E * Anteilsfaktor A

Beispiel: Erfindungswert E = DM 264.000,-;

Anteilsfaktor A = 18%.

Wie hoch ist die Vergütung ?

V = E * A = 264.000 DM * 18%

V = 47.520,- DM

3.5.3 Zahlung der Vergütung

Die ermittelte Vergütung ist in der Regel bezogen auf ein Jahr. Das heißt die Vergütung ist jährlich zu zahlen.

Die genaue Ermittlung von Umsatz oder Nutzen kann erst im Nachhinein erfolgen. Daher soll die Vergütung z.B. jeweils <u>nach</u> einem Jahr berechnet und gezahlt werden. Damit der Erfinder nicht so lange auf sein Geld warten muss, sind Abschlagszahlungen möglich.

Wird eine pauschale Einmalzahlung vereinbart, so soll von einem Nutzungszeitraum von 6 Jahren ausgegangen werden. Das heißt die ermittelte jährliche Vergütung mit 6 multipliziert ergibt die Einmalzahlung.

3.5.4 Rechenblatt zur Abschätzung einer Vergütung

Mit dem folgenden Rechenblatt kann in etwa abgeschätzt werden, was bei einer Erfindung herausspringen sollte.

Grundlage: Lizenzanalogie.

Abschätzung deswegen, weil je nach Erfindung noch andere Faktoren eine Rolle spielen können.

		Einh.	Beispiel	Variante A	Variante B	Variante C
A	Verkaufte **Stückzahl** pro Jahr	Stück	*100.000*			
B	Durchschnittlicher **Preis** des Produkts	DM	*10,-*			
C	**Wertanteil** der Erfindung am Produkt	%	*100*			
D	**Umsatz** = A * B * C / 100	DM	*1.000.000,-*			
E	**Lizenzsatz**	%	*5*			
F	**Erfindungswert**, =Vergütung für freien Erfinder = D * E / 100	DM	*50.000,-*			
G	Stellung der Aufgabe, maximal 6 Punkte	Pkt.	*3*			
H	Lösung der Aufgabe, maximal 6 Punkte	Pkt.	*4*			
I	Aufgaben und Stellung des Arbeitnehmers im Betrieb, max. 8 Punkte	Pkt.	*5*			
J	Summe = G + H + I	Pkt.	*12*			

Summe =	3	4	5	6	7	8	9	10	11	12	13	14	15	16	17	18	19	(20)
➔A =	2	4	7	10	13	15	18	21	25	32	39	47	55	63	72	81	90	(100)

		Einh.	Beispiel	Variante A	Variante B	Variante C
K	**Anteilsfaktor** A, gemäß Tabelle	%	*32*			
L	**Vergütung** pro Jahr = F * K / 100	DM	*16.000,-*			

		Einh.	Beispiel	Variante A	Variante B	Variante C
A	Verkaufte **Stückzahl** pro Jahr	Stück	*100.000*			
B	Durchschnittlicher **Preis** des Produkts	DM	*10,-*			
C	**Wertanteil** der Erfindung am Produkt	%	*100*			
D	**Umsatz** = A * B * C / 100	DM	*1.000.000,-*			
E	**Lizenzsatz**	%	*5*			
F	**Erfindungswert**, =Vergütung für freien Erfinder = D * E / 100	DM	*50.000,-*			
G	Stellung der Aufgabe, maximal 6 Punkte	Pkt.	*3*			
H	Lösung der Aufgabe, maximal 6 Punkte	Pkt.	*4*			
I	Aufgaben und Stellung des Arbeitnehmers im Betrieb, max. 8 Punkte	Pkt.	*5*			
J	Summe = G + H + I	Pkt.	*12*			

Summe =	3	4	5	6	7	8	9	10	11	12	13	14	15	16	17	18	19	(20)
→A =	2	4	7	10	13	15	18	21	25	32	39	47	55	63	72	81	90	(100)

		Einh.	Beispiel	Variante A	Variante B	Variante C
K	**Anteilsfaktor** A, gemäß Tabelle	%	*32*			
L	**Vergütung** pro Jahr = F * K / 100	DM	*16.000,-*			

4 ANHANG

4.1 Nützliche Adressen

Bekannter Weise ist das Internet ein sehr nützliches Instrument für die Beschaffung von allen möglichen Informationen. Die ständige Aktualisierung und Veränderung der Seiten im Internet ist jedoch auch mit dem Nachteil verbunden, dass sich die Internet-Adressen oft ändern. Daher bitte ich schon jetzt um Nachsicht, wenn bestimmte der unten genannten Adressen nicht mehr erreichbar sind.

4.1.1 Patent-Informationen

Deutsches Patentamt	80297 München Tel.: 0 89 - 21 95 - 0 Fax: 0 89 - 21 95 -22 21 Auskunft (Formularanforderung...): 0 89 - 21 95 - 34 02 Internet: http://www.patent-und-markenamt.de
Esp@cenet	http://de.espacenet.com/ Kostenlose weltweite Recherche-Datenbank
Patent-Net	http://www.patent-net.de Sehr empfehlenswert. Vorstellung von Erfindungen. Links zu kostenlosen Patent-Datenbanken. Jede Menge interessante Informationen.
Insti	http://www.insti.de Der Menüpunkt "Suchmaschine" bringt dich zu einer Interessanten Ideenbörse.

IHK	http://www.ihk.de/techno.htm = Technologie-Börse http://www.ihk.de/koop.htm =Kooperationsbörse
Technologie Transfer-Zentrum Schleswig-Holstein	Interessante Informationen und Dienstleistungen http://www.ttzsh.de
Verein für Ingenieure, Techniker und Wirtschaftler in Sachsen e.V. (VITW)	Vorstellung von Erfindungen, Kontaktaufnahme http://www.erfindermesse.de
Max der Erfinder	Super Ideen, bekannt aus dem Fernsehen http://www.max-der-erfinder.de
Literatur	Beck- Texte im dtv: Patent- und Musterrecht. Verlag C.H. Beck, München, 1993

4.1.2 Messe Gesellschaften

Bei folgenden Messegesellschaften können Informationen über die verschiedenen Messen bzw. Produkte und Aussteller angefordert werden. Diese Angaben geben nur wenige Beispiele der unzähligen Messevielfalt wieder.

Messe-Stadt	Internet-Adresse	Beispiele
Berlin	http://www.messe-berlin.de	Aaa - Automobil Internationale Funkausstellung Bautec - Baufachmesse PizzaTec - Fachmesse für Pizza

Messe-Stadt	Internet-Adresse	Beispiele
Dresden	http://www.messe-dresden.de	Fachmesse Holz Fleifa - Fleischerhandwerk Sachsenkrad-Motorrad Handwerksmesse
Hannover	http://www.messe.de	Hannover Messe CeBit Interschutz - Katastrofenschutz Agritechnica - Landwirtschaft EMO - Metallverarbeitung
Köln	http://www.kolnmesse.de	Eisenwarenmesse Gafa - Gartenfachmesse
Leipzig	http://www.messe-leipzig.de	Haus Garten Freizeit KUNTEC - Kunststofftechnik
München	http://www.messe-muenchen.de	Jagen und Fischen ELTEC - Elektrotechnik MATERIALICA - innovative Werkstoffe SYSTEMS - Telekommunikation, Informationstechno- logie Heim und Handwerk
Nürnberg	http://www.nuernbergmesse.de	**IENA, Ideen** **Erfindungen** **Neuheiten** **Ausstellung. Die** **Erfindermesse.** BÄKO Bayern - Bäcker- und Konditorenhandwerk

Messe-Stadt	Internet-Adresse	Beispiele
		Spielwarenmesse FachPack - Verpackung, Kennzeichnung, Lagerung
Sinsheim	http://www.messe-sinsheim.de	Motec - Montage und Handhabungstechnik
		Control - Messtechnik
		Eurotools - Werkzeugtechnik
Stuttgart	http://www.messe-stuttgart.de	CMT - Caravan Motor Touristik
		Medizin
		ASA - Antreiben Steuern Automatisieren
		Verbindungs- und Schweißtechnik
		Micro Engineering
		AMB - Metallbearbeitung
		Euroholz - Holzbearbeitung
		Bike-o-mania - Motorrad
		HAFA - Hauswirtschaft, Familie, Bauen, Sport
		Spielemesse
		Hobby + Elektronik

4.2 Tipps und Anregungen an den Autor

Für Tipps und Anregungen bezüglich des vorliegenden Büchleins bin ich sehr dankbar. Wer Korrekturen, eigene Erfahrungen bzw. sonstige interessante Ergänzungen in eine neuere Ausgaben einfließen lassen möchte, kann seine Anregungen an folgende Adresse senden:

Klaus Beck

e-mail: mail@klaus-beck.de
internet: www.klaus-beck.de

Per mail oder unter der genannten Internet-Adresse können auch weitere Exemplare dieses Büchleins bestellt werden.

Platz für eigene Notizen

Platz für eigene Notizen

Platz für eigene Notizen

Platz für eigene Notizen

Platz für eigene Notizen